Florent-Alain BIKINI MUSINI

L'Afrique saigne
Entre misères et espoirs

Préface de Jean-Paul Eschlimann

Société des Missions Africaines
SMA Media Center
150 cours Gambetta, 69007 Lyon - France
2e Édition revue et corrigée

Ce travail est dédié aux oubliés de l'histoire morts dans les tombeaux à ciel ouvert que sont le Sahara, l'Atlantique et la Méditerranée, sans réaliser leurs rêves de rejoindre « l'eldorado » européen.

PRÉFACE

De temps à autre, les médias émeuvent l'opinion publique européenne au sujet du drame des migrants africains, qui tentent de rejoindre les côtes maltaises, italiennes ou espagnoles, mais dont les embarcations chavirent en mer. Une chronique récente, parue dans le Journal La Croix sous la signature de Bruno Frappat, parle de la Méditerranée comme d'un « cimetière marin. » Il écrit notamment :

> « Cette semaine (…), cinq cent candidats à l'émigration ont disparu entre Malte et la Sicile. Coulés, semble-t-il, parce que les « passeurs » avaient finalement décidé de s'en débarrasser pour une raison que la justice aura du mal à élucider. Le jour où une dépêche de l'Agence France-Presse nous apprenait le sinistre naufrage, pas un mot au « JT » de France 2. Pas une larme versée sur ces Somaliens, Maliens, Éthiopiens, Palestiniens de Gaza, Syriens qui avaient tous payé des fortunes (plus de 1 000€, sans doute par passager) pour gagner le continent européen, ses perspectives à leurs yeux mirifiques, ses sociétés qu'ils imaginaient accueillantes dans l'ignorance où ils étaient du fait que celles-ci se raidissent dans leur hostilité à l'immigration (…). Jeunes, vieux, familles, ils s'embarquent avec leur pauvre barda et leurs trésors d'illusions, s'imaginant que nous les attendons à bras ouverts. Ils ne pouvaient pas savoir qu'ils accéderaient seulement au fond de la mer dans un silence sépulcral et que leur « dernière demeure », toutes illusions englouties, serait un lit de vase d'une noirceur d'enfer . »[1]

Tout cela s'est donc passé, comme pour les drames précédents, dans l'indifférence la plus totale et des Européens et des dirigeants africains. Personne n'a protesté contre le cynisme des passeurs et n'a eu de compassion pour ces migrants en quête de vie et de mieux-être.

---

1. Cimetière marin, Bruno Frappat, L'humeur des jours, *La Croix* du samedi 20 septembre 2014, p. 28.

C'est précisément devant ces disparitions anonymes, ces morts sans sépulture, que s'insurge Florent-Alain Bikini. Ils sont pour lui le symbole d'un continent rejeté, exclu de l'histoire. L'auteur ne peut supporter que ces naufragés de l'histoire soient considérés comme de « mauvais morts », qu'ils soient réduits à hanter éternellement la terre comme des ombres, selon les entendus de la Tradition. Pour eux, il fait donc un travail de « mémoire » ; il leur assure une place dans l'histoire et la conscience collectives, pour les arracher à la damnation de l'oubli.

Puis, il se laisse interpeller par leur drame. Cet exode massif de jeunes Africains vers « L' eldorado européen » est une écharde douloureuse dans sa chair. Il tente d'abord d'en discerner les causes. A cet effet, pendant plus d'une dizaine d'années, il a interrogé les jeunes de plusieurs pays ; il a lu et travaillé de multiples publications présentant les différentes facettes du problème ; il a approché des couples qui ont franchi le pas et se sont installés en Europe pour y travailler et y faire leur vie. Lui-même a connu les deux rives de la situation : sa jeunesse et sa formation à Kinshasa (RDC) puis aux Missions Africaines ; ses études à l'université de Strasbourg, complétées par des séjours aux USA ; enfin son engagement dans l'Église d'Alsace comme responsable d'une paroisse. Il occupe donc une position privilégiée pour apprécier les dimensions essentielles du problème qui le préoccupe, les analyser et y apporter une contribution originale.

Sa position est claire : personne ne peut se dédouaner de la situation qui prévaut aujourd'hui : ni l'Afrique, ni l'Europe, ni l'Amérique, ni les jeunes, ni les dirigeants des Etats. Personne ne peut fuir ses responsabilités. Dans la recherche des causes de ce «voyage suicidaire » d'une partie de la jeunesse africaine, l'auteur souligne avec pertinence le poids du « passé » sur le présent des sociétés africaines. Les traces laissées par 4 siècles de traite transatlantique et par près d'un siècle de colonisation, font toujours de l'Africain une personne-objet, de seconde zone, soumise, corvéable à merci dans les travaux que les autres ne veulent pas faire. Sur leur propre sol, les intéressés ne peuvent espérer qu'une vie de misère, perpétuant des institutions ancestrales discriminatoires, spécialement pour les femmes, livrés aux morsures de la famine, des guerres, des endémies meurtrières. Une accumulation de souffrances sur la peau noire, dont « l'extérieur » n'est pas seul responsable, mais que les peuples africains et leurs dirigeants entretiennent sans cesse.

Il est tout à fait pertinent de dénoncer les conséquences humaines, économiques, sociétales, de la traite esclavagiste et de la colonisation. Il serait peut-être tout aussi nécessaire de mettre en lumière comment ces phénomènes muent actuellement et se perpétuent sous nos yeux, sans quelquefois émouvoir les Africains eux-mêmes. Ainsi, une multinationale, comme Benetton, achète des provinces entières en Patagonie, pour y élever les moutons qui fournissent la qualité de la laine nécessaire à la fabrication de leurs produits, mais au prix de l'expropriation des paysans locaux de leurs terres, de leur réduction à l'état de main-d'œuvre agricole sous payée, ou simplement de parias sans terres ! Ainsi, la Chine achète des régions minières entières en Afrique, monopolise le commerce, déstructure l'économie informelle locale, sans employer un seul ouvrier national, ou se préoccuper du bien-être des populations. Les dirigeants chinois déplacent leur main-d'œuvre, leurs commerçants, etc., au mépris des besoins locaux.

Le présent essai passe en outre sous silence, ce qui me semble une donnée essentielle du mal-être africain : les relations duelles, fusionnelles, entre les ex colonies et l'Occident. A cause de leur histoire singulière, les peuples africains sont pris dans un rapport de « sidération », les liant presqu'exclusivement à l'Europe, patrie des anciennes puissances coloniales. Il conviendrait de briser ce rapport d'emprise et de fascination, qui instaure une relation de maître à esclave, en s'ouvrant à un tiers. Cet Autre pourrait être l'Asie, à travers les pays émergents, qui s'y trouvent. L'histoire de la traite esclavagiste et de la colonisation n'hypothéquerait pas cette relation et servirait de médiation à la conscience africaine pour renégocier ses rapports à son passé et à l'Occident. Alors, pourquoi les jeunes Africains, choisissant l'immigration, n'emprunteraient-ils pas aussi les routes de l'Asie?

Dans l'océan de misère, décrit dans la première partie de son essai, Florent-Alain Bikini entrevoit néanmoins des îlots d'espoirs, à l'évocation desquels il consacre la seconde partie de son ouvrage. Avec raison, il indique en premier lieu l'éducation des populations africaines, spécialement des jeunes. Il s'attarde sur le rôle joué en Europe par le siècle des Lumières et invite l'Afrique à procéder elle aussi à la critique de « sa raison ». La piste est intéressante. Mais il me semble qu'il n'a pas suffisamment mis en lumière ce qu'une telle « révolution culturelle » impliquerait comme transformations au niveau de la transmission des cultures traditionnelles, fortement marquées par le silence, le secret, l'emprise religieuse, le statut social, le sexe, le pouvoir.

Une question se pose alors : l'éducation se résume-t-elle à l'accès aux savoirs et aux technologies modernes, et à leur accumulation ? La maîtrise technologique va-t-elle subitement gommer la misère en Afrique ? Je me rappelle un exemple vécu. Benoît, un grand ami ivoirien, ingénieur du génie civil, diplômé de l'École nationale d'Agronomie de Paris, n'a pas su améliorer tant soit peu, une fois revenu au pays, les pratiques traditionnelles agricoles de ses parents. Ceux-ci ont continué à aller à pied aux champs, à porter les charges sur la tête, à se servir des outils traditionnels (machette, houe) pour le travail de la terre, à se livrer à la chasse pour satisfaire leurs besoins en viande, etc. L'intéressé n'a pas su, à partir de ce qui existait comme ressources et savoir-faire dans sa famille, créer un système d'irrigation dans une région qui en aurait eu grand besoin, ou bien introduire la culture ou le transport attelé, etc. Cela me pose de grandes questions : suffit-il d'avoir obtenu des diplômes dans les universités occidentales, maîtriser des savoirs et des techniques, pour estimer que l'éducation est réussie et qu'elle modifiera les conditions de vie en Afrique ? Comment adapter les compétences et savoirs acquis aux spécificités des mentalités africaines ? Comment les transmettre de manière à susciter la créativité chez les acteurs africains ? Le présent essai ne semble pas se poser cette question. Elle sera sans doute abordée dans un ouvrage ultérieur.

Dans la foulée de l'éducation, l'auteur se penche sur la problématique du développement. Il préconise de déconstruire le discours actuel, qui obéit à une vision des choses venue de l'extérieur. Les ajustements structurels, imposés aux Etats africains par le FMI, en sont l'exemple paradigmatique. Nous en connaissons les effets dévastateurs sur les populations et les économies locales. Plutôt que de réduire la misère, ils n'ont fait que l'aggraver. L'auteur milite donc pour un développement qui donne la parole aux bénéficiaires eux-mêmes et remet la définition des objectifs et la maîtrise de leur mise en œuvre entre leurs mains.

Le grand espoir de changement, aux yeux de Florent-Alain Bikini, réside dans la promotion de l'égalité et dans l'autonomisation des femmes. Victimes de la division sexuelle du travail, des rapports patriarcaux machistes, de l'impossibilité d'accéder à la terre, d'un système matrimonial caractérisé par une dot excessive, qui fait de la femme comme « la propriété» d'un homme qui a payé pour l'avoir, les femmes sont exclues du progrès et du développement. Elles représentent néanmoins le socle de l'économie informelle. Si elles étaient libérées du poids des contraintes culturelles, de la dépendance à l'égard des hommes, si elles pouvaient bénéficier de l'accès à l'école à grande échelle, elles pourraient devenir une force productive et de progrès dans l'Afrique de demain.

L'Afrique saigne ! Mais c'est surtout le cœur de Florent-Alain Bikini qui saigne ! La page qui décrit son passage à la Porte du non retour à Ouidah (Bénin), par laquelle les esclaves partaient pour le nouveau monde sans espoir de revoir leur terre natale, est émouvante. Il n'hésite pas, par ailleurs, à écrire à la première personne, à assumer l'histoire, à énoncer ses choix et à proposer ses perspectives d'avenir. Il nous interdit ainsi de traiter de manière désinvolte les problèmes actuels de l'immigration clandestine entre l'Afrique et l'Europe, de les réduire à des épisodes conjoncturels, qui finiront bien par disparaître de la mémoire collective ! Il manifeste l'inanité des politiques européennes de contrôle et de limitation de l'immigration, en montrant qu'il y a une puissante histoire humaine et un désir de bien-être inextinguible, qui poussent les candidats à l'immigration à risquer toujours à nouveau leur vie dans le désert et dans les flots de la Méditerranée.

Il est urgent que les jeunes Africains et leurs dirigeants, ainsi que les gouvernants européens, entendent profondément les questions et interpellations de ce livre. Je suis reconnaissant à son auteur d'avoir élevé la voix, pour que ce drame humain ne disparaisse pas dans les oubliettes de l'histoire, ou ne soit pas réduit à un épisode mineur d'une histoire mondiale, qui continue de broyer l'Afrique et de la traiter comme une entité négligeable. Je lui reconnais aussi le mérite de vouloir réveiller la conscience africaine, pour lui faire prendre son destin en main, sa situation à bras le corps. Les intéressés devront trouver le courage et les ressources humaines nécessaires pour créer un environnement culturel, économique, religieux, qui favorisera la guérison du mal-être des sociétés du continent

Dans sa conclusion, l'auteur évoque un rêve», qui m'a particulièrement intéressé, auquel je souhaite de devenir une réalité fondatrice. Il écrit notamment : « Notre rêve c'est de voir prochainement en Afrique… des Etats généraux sur la jeunesse sacrifiée par l'immigration clandestine. Que la voix africaine s'y fasse entendre pour proposer aux jeunes d'autres alternatives que le désaveu du continent ou les pirogues de fortune vers le mirage européen. » Il me semble qu'un tel projet pourrait se lancer avec l'aide des Églises, des universités catholiques et protestantes du continent, des Congrégations religieuses. Elles feront moteur pour entraîner dans leur sillage les responsables politiques et les Instances internationales, toujours plus lents à se mobiliser.

« Si tu lèves ton fardeau jusqu'au genou, Dieu te le mettra sur la tête», dit un proverbe agni (Côte d'Ivoire). Que la jeunesse et les instances dirigeantes africaines l'entendent !

Jean-Paul Eschlimann
Mulhouse, septembre 2014.

INTRODUCTION

Cette étude se veut une analyse croisée, qui aborde de manière consciente et pragmatique les faits sociaux de l'histoire d'Afrique, afin de puiser en elle des éléments essentiels pour la construction d'un destin commun et meilleur. L'immigration clandestine des jeunes d'Afrique subsaharienne est ce qui nous pousse à réfléchir sur le pourquoi du mal-être de l'Afrique noire d'aujourd'hui. Creuser dans notre passé est le défi que nous nous sommes donné afin d'établir à parts égales les différentes responsabilités impliquées dans la désaffection de l'Afrique aujourd'hui : l'Europe, l'Amérique, l'Afrique. A travers ses dirigeants et sa jeunesse, aucun ne peut se dédouaner du sort actuel du continent Africain. Nos recherches sur le terrain dans les pays africains au sein desquels nous avons vécu (les deux Congo, le Togo, le Ghana, le Bénin, le Nigéria, la Côte d'Ivoire, la République Centrafricaine, le Kenya, la Tanzanie, l'Ouganda) constituent une impulsion forte et une base de données et de statistiques qui nous permettent d'affirmer que plus d'un jeune sur deux ne croit ni en la capacité de nos dirigeants, ni à la possibilité de vivre des lendemains meilleurs dans un futur proche. Sur un échantillon de cent jeunes de 20 à 30 ans, tous sexes confondus, interrogés sur les trois questions suivantes : Quelles sont selon vous les causes réelles du retard de l'Afrique par rapport à son développement ? Pour vivre décemment, quel projet vous semble le plus urgent à mettre sur pied ? Quels défis l'Afrique doit-elle relever par elle-même pour devenir attrayante ?

Les réponses ont été variées, selon que je m'adressais aux filles ou aux garçons. Elles étaient aussi diversifiées suivant la situation tant politique qu'économique de chaque pays. Cette enquête a commencé en l'an 2000. Elle s'est terminée en 2013 soit 13 années de recherche de terrain qui nous ont permis assurément de peaufiner notre approche thématique, de renouveler l'abord méthodologique et de constituer une base de données statistiques qui, au moment de cette rédaction, nous semble bien crédible et mieux affinée. Les disparités des réponses selon les spécificités régionales n'empêchent pas d'établir avec certitude les convergences de vues sur certains points que nous nous sommes sentis obligés de retenir afin d'établir le plan de cet ouvrage. Nous avons opté pour une tâche difficile, celle de rapprocher les données, en gommant les distances entre les dix pays concernés par l'enquête, pour être représentatives d'un ensemble que nous appelons à tort l'Afrique noire.

Nous avons mis entre parenthèses les divergences minimes entre ces nations pour ne privilégier que les réponses convergentes. Cette précision sur la méthode nous semble importante pour la compréhension de l'esprit dans lequel nous abordons cet ouvrage. Il s'agit du regard d'un Africain qui se donne le devoir de questionner les statistiques tournées vers un passé traumatisant afin d'en tirer les leçons pour construire un avenir radieux. A la première question sur le retard du continent : trois réponses sortent du lot : l'esclavage, la colonisation et le manque de crédibilité de l'élite politique. A la deuxième question l'urgence semble être la fuite de la misère et la recherche de l'eldorado en Occident. A la dernière question les jeunes plaident pour la bonne gouvernance, la mise en place des infrastructures et le rôle prépondérant de l'éducation. Les réponses proposées par les jeunes constituent notre plan de travail que nous diviserons en deux grandes parties : I. Les misères et II. Les espoirs, basés sur des souhaits ou vœux pieux pour des jours meilleurs. Nous commencerons par l'immigration clandestine qui nous semble être la plus grande expression du désaveu du Continent par sa force vive qu'est sa jeunesse.

I. LES MISÈRES

Avant d'aborder cette première partie qui concerne l'Afrique dans sa globalité, nous aimerions faire une brève présentation de notre pays d'origine, la République Démocratique du Congo. C'est un pays très vaste, le deuxième d'Afrique après l'Algérie. Ce pays grand comme quatre fois la France partage ses frontières avec 9 autres pays d'Afrique : Angola, Zambie, Tanzanie, Burundi, Rwanda, Ouganda, Soudan du Sud, Centrafrique et la République du Congo Brazzaville. A l'échelle mondiale, seuls le Brésil, la Russie et la Chine le surpassent, chacun de ces pays ayant dix à quatorze voisins. David Van Reybrouck fait remarquer la grande homogénéité linguistique et culturelle du pays :

> *« Presque toutes les langues sont bantoues et présentent une similitude structurelle interne (Bantou, ou bantu, est le pluriel de Muntu et signifie « les gens ») ».*[2]

Signalons entre autres, que c'est un pays agro-pastoral, la terre étant son grand atout économique et un de ses facteurs de production. Kinshasa est la capitale de la République Démocratique du Congo. Cette ville se situe à l'ouest du pays. Nous reviendrons plus souvent sur ce pays qui tarde à prendre son envol économique malgré toutes ses potentialités.

I.1. L'immigration clandestine

L'immigration clandestine de la jeunesse africaine est l'un des maux qui ruinent et assujettissent notre continent aujourd'hui. Bizarrement ce sujet semble être très peu évoqué par ceux qui tiennent en mains le destin du continent, il y a une volonté de ne pas voir. Politiciens, cadres, pasteurs ne prennent pas la vraie mesure du fléau qui coûte la vie à une jeunesse désespérée et désemparée qui veut tenter le tout pour le tout et survivre ailleurs. Un jeune Ghanéen décrit le besoin de fuir la misère qui l'habite :

> *« L'aventure, c'est la vie ou la mort. Qui ne risque rien n'a rien. Moi, je préfère mourir que renoncer à mon départ, estime un Ghanéen. Quand on fuit la misère, rien ne peut*

---

2. Van REYBROUCK David, *Congo, une histoire*, Amsterdam, Actes Sud, 2012, p.30.

vous arrêter. Absolument rien. Aujourd'hui, je veux partir.
Dites-le bien : je n'ai peur de rien, ni du vent, ni de la pluie,
ni des balles. Je serai bientôt à Melilla. Après, on verra le
reste, conclut-il »[3].

L'immigration est une transposition individuelle dans le monde de l'autre. Les raisons du départ varient d'un pays à l'autre, mais les guerres et toutes les misères qui sévissent en Afrique sont les premières causes. Leur prise en compte est essentielle si on veut réduire le flux.

En tout état de cause, deux représentations dominent la pensée des partants : il y a d'un côté la protection et la sécurité que représentent l'état providence ou l'eldorado vers lequel on s'achemine, et d'autre part, l'insécurité et la misère que représentent les pays d'origine. Les responsables africains ne veulent pas être préoccupés par une histoire qui gêne, qui fâche, qui déconcerte, qui peut-être arrange certains. Ce silence nous tue. Ils se taisent très probablement par manque d'alternative à proposer à ces jeunes qui sont nos enfants, nos amis, qui deviennent aujourd'hui des kamikazes non pas du terrorisme, mais des agneaux immolés qui affrontent le désespoir à travers les vagues, les tempêtes et les intempéries maritimes. Aujourd'hui, le désert du Sahara, l'océan Atlantique et la mer Méditerranée sont devenus des tombeaux à ciel ouvert. Les jours, les semaines, les mois, les années passent et on ne compte plus le nombre des morts disparus sans aucune trace. Nos jeunes sont devenus aveugles à la beauté et à l'avenir de l'Afrique et ainsi, par désespoir, ils préfèrent partir à l'étranger à la recherche de travail et d'argent. Partir est, au départ, consécutif à une situation désagréable, c'est un arrachement, une déchirure. L'une de causes majeures de l'exil des Africains dans l'ensemble, des Congolais et Congolaises en particulier vers l'Europe et vers les États-Unis d'Amérique est la recherche de meilleures conditions de vie.

3. DANIEL Serge, *Les routes clandestines. L'Afrique des immigrés et des passeurs*, Paris, Hachette, 2008, p. 52.

A en croire Dambisa Moyo, ancienne consultante de la Banque Mondiale d'origine Zambienne, des jours difficiles restent à venir pour l'Afrique:

> « *And looking ahead, the 2007 United Nations Human Development Report forecasts that sub-Saharan Africa will account for almost one third of world poverty in 2015, up from one fifth in 1990*»[4].

Beaucoup de nos pays tardent à décoller économiquement à cause d'un manque de bonne gouvernance et d'institutions crédibles et en raison de pratiques de corruption qui ne laissent aux plus pauvres que l'exil et toutes les formes contemporaines des migrations comme seules options de survie. Quoi de plus frustrant, quoi de plus choquant que de vivre sans espoir d'un lendemain meilleur? Pourquoi l'histoire de mon continent semble-t-elle être exclue de celle de l'humanité tout entière ? L'exclusion de l'Afrique, de ses problèmes, de son histoire, de son art, de sa culture paraît ici comme une monstruosité pour reprendre une expression de Joseph KI-Zerbo :

> « *Petit à petit, cette exclusion m'est apparue comme une monstruosité. J'ai eu soif, en étudiant le Moyen Âge Européen ou la période contemporaine, de connaître l'histoire africaine. Elle commençait à m'intéresser parce que, justement, son absence nous faisait mal et nous donnait soif. Le désir de l'exhumer, de s'en revêtir, est né de cette contradiction.* »[5]

Aujourd'hui je cherche à comprendre pourquoi l'Afrique n'intéresse pas, disons pourquoi elle intéresse très peu le reste du monde. Imaginez un seul instant, s'il vous plaît, que des jeunes Américains ou Européens en quête de survie soient abandonnés à leur triste sort dans les eaux de la mer ou dans le désert sans que ce fait ne fasse la « Une » de l'actualité dans tous les médias du monde entier. Faut-il faire partie d'une certaine race pour être assisté

---

4. DAMBISA Moyo, *Dead Aid. Why aid is not working and how there is a better way for Africa*, New York, Farrar, Straus and Giroux, 2010, p. 5.

5. KI-ZERBO Joseph, *A quand l'Afrique ?*, Paris, Éditions de l'Aube, 2003, p. 11.

lorsqu'on est en danger ? La bombe silencieuse qu'est l'immigration clandestine cause d'énormes pertes en vies humaines en Afrique. Ces morts nous interrogent. Pour répondre, il va falloir résoudre la cause de cette tragédie. J'ai choisi d'écrire pour perpétuer leur mémoire, pour susciter le débat, pour sauver le reste du navire et épargner le naufrage et la disparition totale de l'Afrique. Pourquoi personne ou très peu de monde accepte d'aborder ce drame à cœur ouvert avec les victimes ? Le vrai débat tarde à voir le jour.

Il s'agit d'aborder honnêtement la question du partage équitable des revenus. Sur la planète il y a un écart terrible, un décalage horrible entre d'une part les exubérances des richesses en Occident, et d'autre part la pauvreté abjecte des pays du tiers du monde dont ceux de l'Afrique en pôle position. Savez-vous combien de jeunes sont morts ou sont en train de mourir en voulant traverser l'Atlantique, puis le désert, pour rejoindre et élire domicile dans des zones inhabitées de garrigues et de forêts dominant les enclaves espagnoles de Melilla et de Ceuta ou dans le territoire italien de Lampedusa ? Connaissez-vous le genre de traitement inhumain infligé à ces candidats par l'Interpol Algéro-Marocain ? Pour la seule moitié de l'année 2006, sur Radio France Internationale, une organisation humanitaire espagnole SOS Racismo assurait avoir comptabilisé 2.400 (Deux mille quatre cents) clandestins africains à bord de bus affrétés par les autorités marocaines. Ensuite, on les a transportés de force aux abords du désert marocain, aux frontières algérienne ou mauritanienne. L'organisation humanitaire ne sait pas à ce jour ce que les deux tiers d'entre eux sont ensuite devenus. Et depuis le début des années 2000, des hommes et des femmes sont livrés au désert comme on se décharge d'un tas d'ordures.

Dans les pays avancés, on procède au recyclage des ordures, mais des Noirs abandonnés dans le désert ne sont plus bons à rien et sont condamnés à mourir de soif et de faim. La vie est donc jetée au gouffre de la mort. Le destin des humains naufragés ou délaissés dans le désert reste suspendu aux intérêts économiques et politiques des nations. Présentant son livre « Mamadou va mourir », Gabriele Del Grande qui s'intéresse de près à l'immigration clandestine accuse l'Europe de favoriser les atteintes aux droits de l'homme en cédant la surveillance de ses frontières au Maroc, à l'Algérie et à la Libye. Depuis plus de 20 ans, un nombre inestimable de migrants ont perdu leurs vies d'hypothermie, de déshydratation, ou simplement de noyade dans les océans. On déplore les viols, les déportations, les tortures et privations de liberté des prisonniers qui constituent des atteintes aux droits de l'homme et qui ne paraîtront peut-être jamais devant une cour de justice. L'impunité des tortionnaires aux frontières semble prévaloir et devenir ici la règle du jeu. L'abbé Pierre, prêtre français soucieux de la cause des pauvres et des mal-logés, invitait le monde à réagir pour vaincre ce fléau qui se répand à grand pas. Le monde riche ne prend que timidement la mesure de la souffrance des pauvres :

> « *Pour vaincre le malheur, osons ouvrir les yeux et combattre. Le monde est malheureux. Ceux d'entre nous qui ne sont pas affamés, ni sans travail, ni sans logis, saurons-nous vivre ce que la détresse implacable, des autres, réclame de nous ? Le monde est malheureux. Probablement plus que jamais.* »[6]

Oui le monde est malheureux, mais, sur le plateau de la balance, l'Afrique bat tous les records de souffrance, de misère, de catastrophes, de marginalisation, de pauvreté et de paupérisation. Elle manque d'opportunité pour décoller et ainsi atteindre et proposer des conditions de vie décentes.

Voilà pourquoi nos jeunes choisissent de partir dans les pays dits développés. Le besoin et le désir de vivre décemment conduit à l'immigration, phénomène connu par l'humanité depuis toujours. Par le passé, le peuple d'Israël s'est rendu en Egypte pour fuir la famine et la misère. Pour la même raison, après la découverte de l'Amérique en 1492 par Christophe Colomb, des Européens sont allés conquérir le nouveau monde. Les Anglais s'y imposèrent comme colons. On se souvient que par la suite, des explorateurs connus comme Stanley, David Livingstone, Pierre Savorgnan de Brazza sont venus en Afrique qui fut alors soumise à une exploitation et une colonisation sans merci. Les Européens s'installèrent pendant

---

6. Abbé PIERRE, *Testament…,* Paris, Bayard, 1995, p.V.

des décennies pour tirer profit du patrimoine tant humain que naturel du continent Africain. Nous reviendrons sur cette période de l'histoire et sur celle qui l'a précédée.

L'histoire se répète, aujourd'hui mais cette fois-ci, ce sont certains Africains qui frappent à d'autres portes. Fatigués de souffrir chez eux, ils quittent leur propre pays. Ils rejoignent d'autres cieux où la vie semble meilleure comme cela a toujours existé. Le monde a toujours évolué grâce à cette forme de révolte. Disons simplement qu'aucune barrière ne peut légitimement arrêter la marche du pauvre en quête des verts pâturages. L'abbé Pierre, fervent défenseur et solidaire des faibles renchérit en ces termes :

> *« Ce temps est celui de l'impuissance des puissants et d'une incroyable puissance des faibles. »*[7]

Ces jeunes n'ont rien à perdre, alors ils tentent leur chance dans toutes les directions: L'île de Malte, les Canaries, Ceuta, Melilla, Lampedusa. En Afrique ils meurent tous les jours de la pauvreté et des maladies. Ils manquent d'accès au transport en commun, d'éducation adéquate, de travail, alors mourir sur mer ou dans le désert ne les effraie pas du tout. Rien ne peut arrêter les victimes du mirage européen. Rien ne peut endiguer les flots de candidats au départ. Tant que la pauvreté mettra en danger la survie d'une partie de l'humanité, les routes alternatives de survie s'imposeront. En juin 2007, au moment où j'écris ces lignes, des images sont diffusées sur la chaîne de télévision France 24 où l'on peut apercevoir une frégate, navire militaire français récupérant dans les eaux maltaises des naufragés dont les corps sont déjà dans un état de décomposition avancée. Ils sont conduits à Toulon pour identification. Dans les mêmes eaux, le 2 Juin 2007 soit une semaine avant, on pouvait voir et entendre sur la même chaîne les cris de détresse des clandestins dont l'embarcation de fortune venait de chavirer. D'autres ont eu la vie sauve grâce à une cage d'élevage à thon proche de leur embarcation sur laquelle ils se sont accrochés.

---

7. Abbé PIERRE, *Op. Cit.*, p. 35.

Les profondeurs des océans deviennent nos mouroirs, et leurs plages inhabitées nos tombeaux. Afrique, pour combien de temps devras-tu encore saigner sans être soignée ou sans chercher à te soigner toi-même ? Ta situation est insupportable et inadmissible. Quand on prend l'exemple de la République Démocratique du Congo, plusieurs causes sont à la base du départ des jeunes vers d'autres cieux : la guerre, la pauvreté et la déconfiture de l'appareil politique depuis des décennies.

Mais un autre fait que nous voulons restituer, c'est le comportement des Congolais de la diaspora en séjour au pays. L'imaginaire migratoire congolais se nourrit aussi du langage et du comportement de ceux qui reviennent d'Europe pour séjourner au pays et qui affichent auprès de leur entourage un comportement attrayant donnant à penser qu'ils ont une vie luxuriante. Avec l'argent épargné pendant des années de travail pénible en Occident, ils mènent un mode de vie différent de celui qu'ils avaient avant de partir à l'aventure. A les voir, ils font rêver ceux qui ont de la peine à gagner leur vie sur place. Avec beaucoup d'apparat ils défient les dirigeants du pays d'origine leur montrant que, sans eux, ils ont pu réussir ailleurs.

Cette extravagance ne cache pas la haine à l'encontre des corrompus du pouvoir en place qui spolient les ressources du pays. Notons aussi l'influence de la musique qui joue dans les deux Congo une place capitale et qui ne cesse de chanter la meilleure qualité de vie à Paris et à Bruxelles. Les artistes des deux rives du fleuve Congo contribuent énormément à faire miroiter aux jeunes que l'immigration est l'unique solution à même de les faire sortir de la pauvreté :

> « Dans leurs périples, les artistes musiciens des deux rives du fleuve Congo n'ont cessé, au cours des années soixante dix et quatre vingt, d'exprimer le bonheur de vivre et de travailler en Europe... Ils chantent aussi « la belle vie » illustrée par la « sape » (port des vêtements des grands couturiers parisiens en particulier et mondiaux en général), le fait de travailler et gagner mieux qu'au pays d'origine

(en conversion directe des salaires nominaux du pays d'accueil à ceux du pays d'origine, les niveaux des revenus sont comparables à ceux des hauts fonctionnaires sinon plus, bien que la comparaison, en réalité, soit sans objet car il conviendrait dans ce cas de comparer les pouvoirs d'achat), la possibilité d'aider financièrement les familles restées au pays d'origine, bref les privilèges matériels de vivre en Europe. Les sapeurs ; à l'instar des griots de jadis, sociologues de l'instant, ont su exprimer les faits et les sentiments de cette frange mouvante des populations des deux Congo. »[8]

Nous voyons donc que le besoin, l'envie de partir du Congo sont alimentés par plusieurs causes. A part l'insécurité engendrée par la guerre, nous dirons que la plus grande cause d'émigration congolaise est l'indigence.

C'est le cas aussi dans les autres pays d'Afrique, objet de notre recherche, même si c'est à des degrés différents. Les pauvres ne veulent pas se laisser mourir dans la misère, ils bougent pour aller tenter leur chance ailleurs. La République Démocratique du Congo, qui pourtant regorge de ressources minières incommensurables, ne permet pas à une grande partie de ses enfants de gagner leur vie sur place. Devant l'absence de perspectives d'avenir, le pessimisme ouvre la voie à l'optimisme d'un lendemain meilleur ailleurs. La guerre, la pauvreté, dans un cas comme dans l'autre l'émigration congolaise fait partie des pratiques de sécurisation de vie en quête d'amélioration du bien-être.

Tout le monde doit s'y mettre, y compris les Africains, pour donner la possibilité à ces hommes et femmes clandestins de vivre et de travailler dans leur propre pays. Il y a quelques années, Michel Rocard, premier ministre français de l'époque disait que la France ne peut pas accueillir toute la misère du monde.

---

8. DOUMA Jean-Baptiste, *L'immigration Congolaise en France. Entre crises et recherche d'identité,* Paris, L'Harmattan, 2003, pp. 8-9.

C'est tout à fait vrai, aucun pays ne se permettrait de commettre une erreur aussi fatale. Mais la France ainsi que tous les autres pays esclavagistes et colonialistes ne peuvent pas ne pas s'offusquer de leur inertie face à cette misère. Ceux qui ont pris part à l'appauvrissement de l'Afrique devraient aussi en âme et conscience payer, c'est-à-dire ouvrir d'autres perspectives pour un développement et un rattrapage économique de l'Afrique. Si vous ne faites rien pour nous, notre misère vous rattrapera. Voilà ce qui explique l'immigration clandestine. Les lois, les frontières barbelées sont bonnes et permettent à chaque nation d'affirmer sa souveraineté nationale. Elles deviendront accessoires quand justice sera rendue à l'Afrique. Le retard pris par ce continent doit en interpeller plus d'un.

> « *Les sanctions que nous, les privilégiés, ne savons pas réclamer, ceux qui souffrent risquent de nous les imposer, brutalement. Car, condamnée elle aussi à tout savoir, l'humanité souffrante commence à souffrir de souffrir. Sachant qu'existent les moyens pour qu'elle ne souffre plus, elle ne tolérera pas indéfiniment de souffrir encore.* »[9]

Rien ne peut arrêter nos jeunes qui souffrent et rêvent du bonheur, rien, ni l'échec devant les barrières barbelées de Ceuta et Melilla, et encore moins les nombreux refoulements brutaux et musclés des camps de transit. Aussitôt refoulés, ils cherchent à repartir vers la même destination. Le fantasme d'une vie meilleure dans l'eldorado européen persiste et continue à séduire nos jeunes par milliers. Si tu n'arrêtes pas la galère chez moi, alors je viendrai « galérer » chez toi. On ne peut souffrir indéfiniment alors on choisit la solution de l'émigration. Même si celle-ci peut nous coûter la vie, c'est la seule issue pour fuir notre misère. Le 2 octobre 2006, date de la commémoration des morts de Ceuta et Melilla, d'autres ont encore disparu. Le même jour, comme pour marquer un anniversaire douloureux, on compte les cadavres en plus, et depuis lors il ne se passe pas une semaine sans que des jeunes Africains ne perdent leurs vies sur les eaux maltaises, libyennes, italiennes, espagnoles.

---

9. Abbé PIERRE, *Op. Cit.*, p. 34.

La mémoire de ces jeunes est à peine évoquée, comme pour éviter la honte. Cette situation indigne devrait donner à réfléchir, elle devient plutôt gênante. Mais sans l'aborder, les dirigeants africains et ceux d'ailleurs semblent trouver le salut dans le silence. On juge ces jeunes parfois trop vite, estimant qu'ils méritent un tel sort à cause de leur conduite à risque. Quelles alternatives les Etats africains mettent-ils en place pour les empêcher de partir ? Sans une amélioration des conditions en Afrique, ce phénomène s'imposera sur la planète. Aussi longtemps qu'une majeure partie des occupants de notre planète ne pourra ni manger à sa faim, ni satisfaire sa soif, ni s'installer dans un endroit stable et décent, l'émigration s'imposera.

L'accès aux soins reste l'apanage d'une minorité, laissant une grande majorité des humains mourir de faim, de soif et de maladies très graves. Pourquoi la non-assistance des Africains en danger ne constitue-t-elle pas un délit ? Résoudre ce fléau n'est pas chose facile, mais le reconnaître et en parler peut ouvrir des perspectives de dialogue et ainsi des solutions. Qui sont ces émigrés ? A qui incombe-la faute de leur errance ? Comment mettre un frein à ce voyage suicidaire ? Est-il possible d'arrêter l'immigration ?

Tels sont donc les points que nous comptons aborder pour poursuivre notre propos sur les enjeux de l'immigration clandestine. Nous analysons ces questions, envisageant des pistes et des moyens pour éviter que le désespoir soit le seul refuge à la portée des jeunes et que les embarcations de fortune utilisées ne deviennent l'unique alternative pour fuir le continent, au risque de couler au fond des océans dans l'indifférence de ceux qui ne connaissent pas la souffrance de la faim. Dans cet essai, les problèmes de l'immigration sont abordés dans le but de faire réagir les décideurs du continent, afin qu'ils s'éveillent à l'exigence de faire réussir les jeunes chez-eux.

Qui sont ces émigrés ?

Pour répondre à cette question voici exactement ce que François Soudan, Abdallah Ben Ali et Laetitia Grotti tous journalistes à Jeune Afrique L'intelligent écrivaient en 2005 après avoir mené une enquête sur le sujet :

> « *La plupart sont jeunes (entre 20 ans et 30 ans), instruits (60% sont titulaires du baccalauréat ou de son équivalent anglophone) et poussés à fuir leur pays d'origine par la misère, les troubles politiques, ou les deux à la fois. Ainsi, si les Nigérians, Les Sénégalais, Les Maliens, les Camerounais et les Congolais (RD Congo) constituent les plus forts contingents, on note depuis 2002 l'apparition d'un nombre accru d'Ivoiriens en provenance le plus souvent de la partie nord du pays, sous 'administration' rebelle. Un petit quart de ces clandestins sont des femmes, dont beaucoup sont enceintes ou mères de très jeunes enfants : viol, prostitution non maîtrisée ou simple (et illusoire) calcul selon lequel la présence de bébés, nés ou à naître, faciliterait l'admission dans l'espace européen.*»[10]

Entre 20 et 30 ans on constitue la force vive d'un pays. C'est l'âge auquel on s'exerce à travailler pour apporter son concours au développement des différents secteurs de la vie d'une nation. C'est l'âge de la concrétisation de ses rêves et projets de vie. Un adage dit qu'on n'est jamais mieux que chez soi. Ailleurs l'insertion n'est pas toujours évidente. L'homme met toujours pas mal de temps pour accepter l'autre, surtout quand il le perçoit comme envahisseur, exilé économique dépourvu de moyens et surtout une proie à qui l'on peut aisément proposer n'importe quel travail dégradant en le soumettant à toute forme de corvée. Ces jeunes ne haïssent pas leur pays mais ils sont tout simplement désespérés de voir s'effondrer leur avenir comme de la crème glacée face à la chaleur de l'insouciance des dirigeants. Ils se sentent obligés d'aller saisir leur chance ailleurs.

---

10. SOUDAN François et alii, « clandestins, voyage au bout de la honte », in *Jeune Afrique l'Intelligent,* 16 0ctobre2005, p. 3.

Un voyage au bout de la honte, les larmes aux yeux, la jeunesse africaine se trouve meurtrie par l'épée de ceux-là mêmes qu'ils ont élus pour mener à bien la chose commune. Tout le monde semble être inconscient, personne ne veut vraiment améliorer les choses. Le mirage européen laisse croire à cette jeunesse que du dedans le changement est impossible. L'Afrique saigne, elle se vide.

Ces jeunes qui arrivent enfin à mettre pied en Europe, sont victimes de ce qu'on appelle 'du travail au noir'. Le patron se comporte en maître car il sait bien qu'un « homme sans papiers » est un homme sans défense. En plus, un « sans papier » est un martyr sous la pression de la famille restée en Afrique. Personne ne veut savoir comment le fils ou la fille vivote en Occident. Tout ce que l'on attend de lui c'est de dépêtrer son clan de la misère. Quand on n'a soi-même rien en Europe pour subsister, cette pression de la famille restée en Afrique vous mine à petit feu. Tout le monde a mis du sien pour que le jeune sorte de l'enfer du pays natal et voici que l'eldorado Européen tourne au vinaigre. Il n'est pas le paradis rêvé car ici il y a des lois et des règles à respecter. Le pain se gagne à la sueur du front, alors notre jeune sans papiers et sans travail s'affole et sombre dans la désillusion. Ces émigrés sont nos enfants qui crient leur désir haut et fort de voir les choses changer.

A qui la faute ?
A tout le monde. A nous-mêmes Africains d'abord. On ne résout jamais rien en cherchant toujours des boucs émissaires ailleurs. Tant que nous pratiquerons la corruption, le clientélisme et l'éloge de nos mauvais dirigeants dans l'espoir d'acquérir des avantages, nous serons incapables d'aboutir à une solution de nos problèmes.

La faute est aussi à ceux qui nous vendent des armes au lieu de nous aider à construire des écoles, des hôpitaux et des usines de transformations de nos surabondantes matières premières. Là encore la faute nous revient car nous savons bien différencier le bien du mal, nous savons bien qu'une arme sert à tuer alors qu'une école permet de former l'élite de demain. Avons-nous le droit de cultiver l'oppression sur ce sol qui a connu tous les maux : esclavage, dépeuplement, colonisation, néocolonialisme pour ne citer que ceux-là ?

La faute est à nos frères qui partent et qui ne reviennent plus. C'est la fuite des cerveaux et de la main d'œuvre. C'est aussi et surtout la faute de nos dirigeants qui profitent égoïstement des richesses de nos pays sans se préoccuper de la pauvreté des peuples. Elle incombe également à nos frères et sœurs qui sont en Europe et gardent le silence sur tout ce qu'ils vivent là-bas. Quand ils reviennent au pays, ils laissent croire que la vie se gagne facilement en Europe. Ils oublient vite le pain de la douleur de l'exil, le butin gagné dans la peine et l'abnégation devient motif d'orgueil une fois de retour au bercail. Quel virage ! C'est pourquoi les plus jeunes sont attirés par les pays développés.

La faute est aux passeurs qui ne vivent que du trafic ignoble de l'immigration clandestine. On entasse des humains dans des embarcations de fortune pour les acheminer non pas à l'eldorado, mais à la morgue.

La faute est aux jeunes eux-mêmes qui prennent un risque fou à fuir l'obstacle qu'est la pauvreté imposée sans vouloir prendre le risque de résister pour affronter ses vraies causes sur place. Un enfant n'abandonne pas la case de sa maman à cause des odeurs d'un pet disait Ahmadou Kourouma. Le combat pour un lendemain meilleur doit venir du dedans. On ne peut sauver l'Afrique sans les Africains. Les économies que l'on gaspille dans ce voyage pourraient servir à d'autres fins utiles pour nos pays, comme se lancer dans des coopératives agricoles, constituer un fond de commerce…

Aujourd'hui la force vive européenne est consacrée à son propre développement, très bon d'ailleurs. Mais pourquoi ne pas suivre cet exemple chez nous ? Pourquoi ne pas créer des échanges pour des transferts de savoirs et de technologies ? La faute aux autres, mais quelle est notre part de contribution à l'édifice africain ? Le changement prend du temps. Avons-nous la patience de marcher selon notre rythme ? C'est essentiel et vital.

Comment mettre fin à ce voyage suicidaire ?

On doit établir au pouvoir une génération dont la priorité première est l'avenir de l'Afrique. La planète entière doit participer à la disparition de la pauvreté, fléau de ce continent, afin de permettre à l'Afrique et autres pays sous-développés de décoller, d'éradiquer la faim et le manque d'instruction. Travailler dur, ériger des routes, œuvrer pour une agriculture capable de subvenir à nos besoins alimentaires. Nous possédons des territoires immenses inexploités. Des hommes et des femmes de vision sont indispensables pour non seulement créer des emplois, mais aussi penser à une rémunération juste et équitable de ceux qui déploieront toute leur énergie pour construire cette nouvelle Afrique.

Nous reviendrons sur les perspectives d'avenir dans notre seconde partie. Retenons simplement que les jeunes doivent absolument s'investir dans la construction de cette nouvelle Afrique. C'est leur avenir qui en dépend ainsi que celui de leurs enfants. Nous revendiquons la remise des dettes des pays pauvres, car celles-ci ont été octroyées dans des conditions qui échappent à la majeure partie des Africains et rendent surtout notre décollage économique impossible. Assurons la politique de nos moyens au lieu de quêter ou de miser sur les moyens des autres. Élaborons une politique basée sur des réformes. Il ne suffit pas de récupérer les œufs pondus sans qu'ils soient couvés. Sanctionnons par les urnes ceux qui profitent des ressources de nos pays et ignorent les besoins vitaux des populations. Arrivons à une maturité où l'on accepte le verdict des urnes dans un 'fair-play' démocratique. Une réalité très concrète à admettre, c'est le respect de nos Constitutions, Kä Mana écrit :

> *« La Constitution a donc pour visée de définir les principes fondamentaux de gouvernement et de vie commune, principes au nom desquels toute majorité, quelle qu'elle soit, doit se légitimer et auxquels elle doit se conformer. Tout problème qui se pose dans la vie d'une nation pourrait être jugé, apprécié et résolu à la lumière des principes préalablement posés dans le cadre de la Constitution, de la rationalité de ses choix et de la sagesse de ses options*

fondamentales… Juste, la Constitution l'est dans la mesure où elle se donne des règles qui permettent d'emblée une distribution équilibrée des pouvoirs, un fonctionnement efficace des institutions politiques qui devraient parvenir à s'autocontrôler et à se contrôler mutuellement sans grande déchirure, l'émergence des règles économiques qui limitent les inégalités ou ne les acceptent que si elles concourent à l'amélioration des conditions des plus faibles et des plus défavorisés, la promotion d'un espace de créativité et de novation dans le sens du bien commun. »[11]

Dans beaucoup de pays d'Afrique aujourd'hui, il ne revient pas aux dirigeants de se conformer aux principes préalablement établis par la loi cadre, mais à celle-ci de s'adapter à leur bon vouloir.

I.2. Les traces profondes du passé africain

L'essentiel de la culture africaine a été transmis oralement par les générations précédentes. Retrouver des épisodes très lointains de notre passé peut s'avérer être un exercice difficile. Même si bien des évènements se sont déroulés jadis sur notre sol, très peu d'entre eux ont été traduits par écrit de façon crédible. Si nous en savons un peu sur nos ancêtres, c'est grâce à cette tradition orale des Africains (l'écriture n'étant pas la seule forme d'expression qui prévale) et aux écrits d'historiens de renommée internationale comme Joseph Ki-zerbo, paix à son âme, disons plutôt que la terre lui soit légère ! Expression très connue des Africains.

En Afrique centrale, nous restons à jamais reconnaissants envers les éminents professeurs Elikya Mbokolo, Ndaywell et Achille Mbembe qui nous rappellent sans cesse ce passé qui nous échappe. La connaissance de notre histoire est indispensable pour mettre en évidence l'origine de cette saignée africaine que nous déplorons aujourd'hui. Les racines coupées du passé n'ont pas permis à l'arbre africain de pousser à la hauteur des autres nations du monde. Sans oublier bien d'autres Africains, comme Cheikh Anta Diop, Amadou Ampateba, Ahmadou Kourouma (Que la terre leur soit légère !) que l'on remercie très chaleureusement ainsi que tous les autres qui ont

---

11. KÄ MANA, *L'Afrique va-t-elle mourir ?*, Paris, Cerf, 1991, pp. 159-160.

procédé à des recherches pour que ce continent retrouve son âme !
Nous ne les oublierons pas.

Sur les traces de ce passé, deux évènements doivent retenir
notre attention : il s'agit de l'esclavage et la traite négrière d'une
part et de la colonisation de l'Afrique d'autre part. Ces deux points
ont été fortement soulevés par les jeunes interrogés lors de nos
enquêtes. Mais nous ne saurons aborder le passé du continent noir
sans évoquer la place des ancêtres dans la vie de nos différentes
sociétés. Notre histoire ne commence pas par la traite atlantique.

I.2.1. Un aperçu de l'Afrique ancestrale

Les ancêtres, proches du Dieu créateur, sont perçus comme
garants et protecteurs des vivants. Ils apparaissent dans les rêves,
signe positif de leur existence continue sur terre et de leur participation
à la perpétuité de leur mémoire. La mort n'est qu'une mutation et
d'une certaine manière (réellement) les défunts continuent d'exister.
Louis- Vincent Thomas nous rappelle le rôle important des ancêtres
et leur degré de participation dans l'organisation de la vie sociale
des vivants :

> « Les ancêtres proprement dits apparaissent le plus souvent
> sous un jour favorable : ils sont avant tout législateurs
> et surveillants, et, à ce titre, ils punissent parfois avec
> cruauté (quand les hommes ont dérogé aux règles du clan
> ou ont provoqué le désordre) et ils récompensent dans le
> cas contraire (ils deviennent dispensateurs de richesse,
> de fécondité, de santé et de paix). En effet, si leur force
> vitale a décru (d'où leur mort), ils possèdent en revanche,
> comme disent les Bantu, la « force du connaître » (d'où leur
> éventuelle action sur les vivants). D'ailleurs la puissance
> des ancêtres ne leur appartient pas en propre ; elle est
> indirecte et dérivée ; elle procède de Dieu. Ainsi une place
> éminente leur revient, ils peuvent être : situés entre l'homme
> et les génies, ou supérieurs aux génies, ou bien des divinités
> proprement dites. »[12]

---

12. THOMAS Louis Vincent, *Cinq essais sur la mort africaine*, Dakar, 1968, pp.
43-44.

Les ancêtres sont les membres respectés du clan qui ont mené une vie exemplaire, ils sont morts selon les règles. Ils sont des intermédiaires entre les divinités et l'homme. Le culte que les vivants leur adressent l'emporte en efficacité sur le fétichisme produit par les devins et les marabouts. Leur action l'emporte en importance sur celle des sorciers, qui eux sont à la marge de la société et qui ne visent rien d'autre que la désintégration du groupe. Les ancêtres sont des garants de l'unité et de l'intégration du groupe. Les ancêtres rythment les cérémonies et les étapes de la vie africaine : naissance, puberté, mariage, funérailles... Les vivants doivent obéir aux ancêtres par crainte de représailles et de calamités, mais aussi pour obtenir leur protection et leur bénédiction. Le destin, la finalité de la communauté des ancêtres est susceptible de revêtir des significations variables. Néanmoins une idée majeure traverse l'Afrique noire sur l'importance de la communauté des ancêtres ; il s'agit pour les vivants de consolider leur conscience collégiale afin de mieux lutter contre la mort. On retrouve cette même conviction chez Louis-Vincent Thomas :

> « *La mort, désormais conçue comme une destruction du singulier et de l'apparent (l'individu), c'est-à-dire réduite à l'état de pur imaginaire, se trouve compensée par un jeu de croyances qui dérivent vers le symbolique. Tout se passe comme si la conscience collective, qui se nourrit de vie, trouvait dans le monde des ancêtres la raison de sa pérennité. La mort peut ainsi se définir comme la médiation de l'individuel vers le collectif considéré dans ce qu'il a de plus sûr, la communauté des ancêtres.* »[13]

Toutes les cultures du monde luttent à leur manière contre la fatalité de la mort. La communauté ancestrale représente en Afrique cette pérennité de la vie. La mort est un désastre quelle qu'en soit la cause et quel que soit l'âge du défunt. Même dans les pays industrialisés où la médecine a fait des progrès énormes et où l'espérance de vie ne cesse de croître, quand arrive l'échéance de la mort, tout le monde se sent désemparé. La mort est irréversible.

---

13. THOMAS Louis Vincent, *Op. Cit*, p. 125.

Ce qui vient après est incertain : une absurdité, le néant, le vide, une nouvelle vie commence...Bref chacun y va selon ses convictions. Les humains sont capables de s'interpréter eux-mêmes et d'interpréter les autres. Chacun le fait selon ses désirs, ses croyances et ses connaissances. La mort s'avère pour l'Africain une menace dangereuse qu'il faut repousser. Pour faire face à la mort, le cartésien fait appel à la science, à la médecine, car pour l'homme occidental, la mort est un anéantissement de l'être. L'Africain quant à lui, se tourne vers la vie pour oublier la douleur de la mort :

> « Par un curieux paradoxe, on peut se demander si l'homme occidental ne craint pas la mort parce qu'il refuse de croire à la toute puissance de la vie. Au contraire, le Négro-Africain – dont on sait de quelle façon riche et originale et avec quelle ferveur il exalte la vie – minimise la portée de la mort en faisant un imaginaire qui interrompt provisoirement l'existence de l'être singulier ; il la transforme en événement qui ne porte que sur l'apparence individuelle, donc épargne en fait l'espèce sociale (croyance en l'omniprésence des ancêtres, maintien du phylum clanique grâce à la réincarnation...). »[14]

Il fait face à sa manière à l'expansion de la mort. Aux rites funéraires, on pense au prochain enfant à naître qui devra prendre la place du défunt. Voilà à titre d'exemple comment Flavien Nkay Malu explique ce que c'est que la naissance d'un enfant chez les Ding de la République Démocratique du Congo :

> « Selon la tradition ancestrale, l'enfant est l'esprit d'un ancêtre (nsib) qui pénètre dans le ventre d'une femme, généralement de son clan ; il y anime un nouveau corps qui renaît. C'est le phénomène de « réincarnation » que les Ding orientaux nomment usong'no. C'est la raison pour laquelle ils donnent à chaque nouveau-né le nom de l'ancêtre qu'il suppose incarner. Les ding disent que « c'est un tel qui est revenu. »[15]

14. THOMAS Louis Vincent, *Anthropologie de la mort,* Paris, Payot, 1976, p. 8.

15. NKAY MALU Flavien, *La mission chrétienne à l'épreuve de la tradition ancestrale (Congo belge, 1891-1933),* Paris, Karthala, 2007, p. 315.

A son tour, Jean Paul Eschlimann, qui a vécu et étudié la culture Agni en Côte d'Ivoire souligne sans équivoque que chez ce peuple la mort désordre est repoussée avec virulence pour être remplacée par la mort renaissance, comme quoi il faut toujours penser la vie pour vaincre et éloigner la mort :

> *« La mort rôde sournoisement partout où il y a une manifestation de la vie. Elle est coextensive à la vie. Pourtant, elle n'a pas droit de cité dans l'univers villageois. La seule qui puisse s'étaler au grand jour, exposer à travers les fêtes, les rites, les danses, les jeux, les activités de reproduction, d'échange et de consommation, à travers les multiples naissances et renaissances, c'est la vie. La mort, quant à elle, est constamment refoulée vers les zones d'ombre et d'oubli de la forêt profonde. »*[16]

En Afrique, la vie après la mort se trouve perpétuée par la croyance en la communauté ancestrale. Toute l'anthropologie sociale négro-africaine repose, comme le confirme d'ailleurs Louis-Vincent Thomas, sur une organisation dynamique de forces vitales :

> *« Victoire de la vie sur la mort, désir constant du groupe d'éviter le désordre, continuité du phylum social et surtout solidarité des deux univers, celui des vivants et des ancêtres, telles nous apparaissent les principales croyances négro-africaines. Elles reposent toutes sur une philosophie sous-jacente : celle de l'organisation dynamique des forces vitales. »*[17]

Mais l'attitude africaine envers la mort reste essentiellement ambivalente car si la vie doit continuer pour certains, elle est aussi sanctionnée par la mort sociale pour d'autres. Tous ceux qui ne deviennent pas ancêtres de suite des comportements transgressant la collectivité doivent mourir sans laisser de traces, et doivent être neutralisés. Les non-ancêtres sont appelés à disparaître.

---

16. ESCHLIMANN Jean-Paul, *Les Agni devant la mort*, Paris, Karthala, 1985, p. 29.

17. THOMAS Louis Vincent, *Cinq essais sur la mort africaine*, Dakar, 1968, p. 44.

Pourquoi l'Africain qui croit tant à la vie après la mort prive t-il une catégorie de ses enfants de la jouissance de la vie après la mort ? Qui sont ceux qui suscitent chez les vivants la méfiance à la base de la sanction de l'oubli ? Quelle leçon les membres vivants du clan peuvent-ils tirer de la sévérité ainsi infligée à ceux qui ne peuvent pas devenir ancêtres ? Bref, comment comprendre le contraste entre l'Africain qui désire résister à la mort à travers ses ancêtres et le même Africain qui souhaite la mort sociale et le bannissement de ceux qui ne deviennent pas ancêtres ? Nous répondrons en avançant deux hypothèses.

S'il est vrai que célébrer la vie constitue un rempart contre la souffrance infligée par la mort en Afrique, il est d'autant plus vrai que la manière et la qualité de cette vie comptent énormément. Dans la vie, les aînés doivent toujours donner le bon exemple aux plus jeunes. Faisant son analyse des questions relatives à la vie dans la société traditionnelle africaine, Albert Muluma Munanga nous brosse cet aperçu :

> « *Maurice Godelier, évoquant la notion de société traditionnelle, nous renvoie à un ensemble des coutumes et croyances, la manière de vivre et de penser léguée par les ancêtres. Elle apparaît comme un agrégat d'entités claniques, relativement isolées les unes des autres par des orientations culturelles spécifiques, résultant d'un ensemble de comportements que chaque groupement local impose à ses membres, des croyances qui justifient ces comportements, des objets matériels associés à ces croyances et comportements.* »[18]

On ne vit pas n'importe comment en Afrique traditionnelle. L'inversion et la perversion des règles sociales ne sont pas tolérées. Si les ancêtres continuent à faire partie de la communauté des vivants, les déviants parmi les vivants sont malfaisants et doivent être neutralisés. Les effets néfastes de leurs actes sont la cause profonde du trouble et du désordre dans le groupe. Nous tenterons d'avancer deux hypothèses pour essayer d'expliquer la sanction de la mort sociale:

18. MULUMA MUNANGA Albert, *Sociologie générale et africaine. Les sciences sociales et les mutations des sociétés africaines,* Paris, L'Harmattan, 2008, p. 173.

* Le bannissement, l'exclusion, la sanction de la mort sociale prononcée à l'encontre des pervers serviraient à préserver la collectivité qui en son âme profonde se nourrit de vie. Les pervers seraient un obstacle à la force vitale. Aucun vivant n'est censé ignorer cette règle fondamentale : les rapports de forces entre vivants et ancêtres sont régis et normalisés par un respect strict des us et coutumes de chaque clan. Ceux qui s'y dérobent mettent la collectivité en danger et s'exposent eux-mêmes à la sanction. Cette manière de traiter la relation vivants - ancêtres qui passe par la stricte observance des lois coutumières je l'ai constatée dans tous les pays de l'Afrique noire que j'ai pu visiter. Les Dagara du Burkina Faso laissent le fils du défunt choisir une branche d'arbre qui sera sculptée, puis installée dans le sanctuaire des ancêtres. Ceci est un signe de leur présence permanente. Dans mon propre pays, la République Démocratique du Congo, on voit même les cadres qui habitent la ville repartir dans leurs villages implorer le pardon des ancêtres par des sacrifices et rituels lorsque tout ne tourne plus rond dans leur travail, dans leur mariage… On sent que la réalité sociale de la plupart des Africains est partagée entre l'influence de la tradition et l'attirance vers la modernité. Voici la synthèse qu'Albert Muluma MUNANGA fait en ce qui concerne la République Démocratique du Congo en particulier et l'Afrique en général :

> «L'Afrique… vit à la croisée du passé et du présent, la tradition continue son influence sur les hommes du XXe siècle qui, sans dédaigner l'électricité d'Inga, le nylon et l'avion supersonique, se réfèrent dans certains de leurs comportements au clan, au sorcier et aux fétiches, si bien que le départage entre le traditionnel et le modernisme est relatif et malaisé ; en dépit de leur détermination à se redéfinir après l'impact colonial, l'authenticité que les sociétés recherchent n'est en somme que la résultante des acquis du passé et des apports de l'extérieur. La station terrienne de la N'Sele, par exemple, se trouve bel et bien à la N'Sele en RDC et non à Houston aux USA ou à Paris en France. »[19]

---

19. MULUMA MUNANGA Albert, *Op. Cit.*, p. 211.

La société traditionnelle africaine est d'abord une collectivité qui se perpétue, qui garde et sauvegarde son identité. Elle assure à chaque membre le cadre dans lequel on naît, on vit, on se marie et on meurt. Elle demeure une société hiérarchique à structures communautaires : famille, clan, tribu, groupement.

* Le bannissement, la mort sociale serviraient de prévention et d'intimidation chez les vivants pour les empêcher de retomber en disgrâce après leur mort comme le sont les non-ancêtres. La société traditionnelle est sacrée, elle tire son unité des valeurs suprêmes fournies par le maniement des lois qui unissent les vivants à la communauté ancestrale. Cette sacralité comprend des normes non écrites : elle prend appui sur les attitudes, les attitudes communes, les idéologies, les faits de structure comme la coutume, les cérémonies, les usages. Le contrôle de la sacralité repose sur la communauté des ancêtres. Les vivants reconnaissent l'existence de la communauté ancestrale qui a vocation de les assister en toute entreprise. Que les lois ne soient pas écrites c'est un fait, mais ceci ne veut pas dire anomie (absence d'organisation ou de loi), le pouvoir du groupe est lié aux ancêtres qui constituent son fondement et son origine.

Ces lois non écrites, tout le monde est censé les connaître. Dans la tradition orale tout se transmet de bouche à oreille à travers les tabous, les interdits et les totems du groupe. En Occident on entend dire que nul n'est censé ignorer la loi et il y a des codes des droits civils qui peuvent varier d'un pays à l'autre. Les contrevenants sont passibles d'une amende ou d'une autre sanction selon la législation en cours. En Afrique traditionnelle c'est un peu pareil, nul n'est censé ignorer la sacralité de la loi qui unit sa communauté et celle des ancêtres. Les pervers subissent la sanction sévère de la mort sociale ou dans certains cas de l'humiliation d'être enterrés dans la forêt maudite, celle que Chinua Achebe du Nigéria nous décrit en des termes très pondérés :

> *« Chaque clan et chaque village avait « sa forêt maudite ».*
> *Là étaient enterrés tous ceux qui mouraient de la maladie*
> *réellement mauvaise, comme la lèpre ou la petite vérole.*
> *C'était aussi le dépotoir des puissants fétiches des grands*

hommes-médecine quand ils mouraient. Une « forêt maudite
» était donc animée de forces sinistres et des puissances de
ténèbres. »[20]

Ceux qui n'ont pas vécu dignement, qui n'ont pas mené un style de vie exemplaire sont sévèrement punis par les membres de leur propre clan après leur mort. A travers la forêt maudite, on vise l'oubli du souvenir. Pour les Africains qui gardent un lien étroit avec l'au-delà, cette sanction est particulièrement douloureuse. En France, ce serait comme priver quelqu'un que l'on aime de funérailles et d'une tombe dignes. Je vis dans la petite ville de BARR en Alsace et ma maison se trouve juste à côté des cimetières. Il ne se passe pas un seul jour sans que quelqu'un ne vienne se recueillir sur la tombe des siens. Des gens apportent des fleurs, touchent la tombe… En Afrique par contre, les non-ancêtres sont censés ne plus être présents dans la mémoire des vivants. Leurs actes néfastes leur font mériter cet oubli. Ils sont privés de ce contact que les Français ont avec leurs morts. Chaque clan, chaque village vise à obtenir de ses membres une bonne conduite morale.

Une autre séquence historique va basculer l'existence africaine entre le XVe et le XIXe : il s'agit de la mise en place par différents acteurs de la traite atlantique. Ici s'ouvre une page sombre qui fit des enfants d'Afrique des victimes de la captivité en faveur des retombées économiques de l'Occident.

I.2.2. La traite atlantique des esclaves

Mon amertume et ma consternation sont très grandes concernant ce sujet affreux de crime contre l'humanité. La traite, autrement dit le commerce des esclaves est une ignominie de l'existence humaine, une tragédie. Dans leur ouvrage, Être esclave, Catherine Coquery-Vidrovitch, professeure émérite spécialiste de l'histoire africaine, et Éric Mesnard, professeur d'histoire et de géographie à l'université Paris-Est Créteil, situent l'esclavage et la traite atlantique entre le XVe et le XIXe siècle :

---

20. ACHEBE Chinua, *Le monde s'effondre*, Présence Africaine, Paris-Dakar, 1972, p. 179.

« Tout au long du XVe siècle, avec la reconnaissance achevée des côtes occidentales de l'Afrique (en 1488, Bartolomeu Dias atteignit le cap de Bonne-Espérance et ouvrit à partir de 1498 la « route des Indes »), se développa progressivement, entre Ceuta et Le Cap, une traite luso-africaine ; ensuite, avec la « découverte de l'Amérique » par Christophe Colomb (en 1492), se mirent en place les fondements géopolitiques de la traite coloniale européenne transatlantique. »[21]

La période avant la découverte de l'Amérique, allant de 1500 à 1750 on assiste à l'envolée des plantations de canne à sucre aux Antilles dans l'Atlantique nord. Cette période s'accompagne de la généralisation du mode esclavagiste interne au continent africain qui fit de la traite des Noirs son trafic principal. La découverte de l'Amérique ne fera qu'empirer la situation avec comme clé de voûte l'infériorisation des Noirs :

« La découverte de l'Amérique changea la donne. Mais ce ne fut qu'avec l'essor systématique, outre-Atlantique, de l'économie de plantations (tabac, canne à sucre surtout, puis coton des États-Unis) que le système négrier atteignit son apogée, de la fin du XVIIe siècle au milieu du XIXe siècle, créant le « nègre », c'est-à-dire l'esclave de couleur tragiquement infériorisé par la construction de la «colour-bar» (barrière de couleur). »[22]

Trafic des Noirs puis infériorisation de leur race, quatre siècles se sont écoulés au profit des protagonistes : du côté européen les entrepreneurs négriers, banquiers et capitaines avec pour ports Nantes, La Rochelle, Lorient, Bordeaux, Lisbonne, Liverpool et du côté américain essentiellement des planteurs et des hommes politiques. Quatre siècles au cours desquels s'est intensifié un système raciste foncièrement viscéral dont les effets et ramifications n'ont pas encore totalement disparu. De ces villes esclavagistes Aimé Césaire écrit :

21. COQUERY-VIDROVITCH et alii, *Être esclaves. Afrique-Amériques, XVe-XIXe Siècle*, Paris, La Découverte, 2013, p 25.
22. *Idem*, p. 26.

« Et je me dis Bordeaux et Nantes et Liverpool et New-York et San Francisco pas un bout de ce monde qui ne porte mon empreinte digitale et mon calcanéum sur le dos des gratte-ciel et ma crasse dans le scintillement des gemmes ! Qui peut se vanter d'avoir mieux que moi ? Virginie. Tennessee. Géorgie. Alabama putréfactions monstrueuses de révoltes inopérantes, marais de sang putrides trompettes absurdement bouchées. Terres rouges, terres sanguines, terres consanguines. »[23]

L'histoire de la traite atlantique des esclaves, l'école me l'a racontée très tôt et souvent sans précisions possibles, souvent dans le seul but de nous informer que nos ancêtres étaient vendus et réduits à rien par les occidentaux. Depuis ma tendre enfance, la simple évocation de l'esclavage et de la traite négrière a toujours suscité ma curiosité, un désir très fort de vouloir étancher une soif profonde de connaître les formes d'exploitations qui ont dominé dans les sociétés de l'Afrique ancienne, de tenter de comprendre l'histoire de la traite atlantique d'abord dominée par les Portugais puis comment elle passa entre les mains des Français, des Britanniques, des Espagnols et des Hollandais. Comprendre pour faire le deuil, enfin guérir et tourner la page opaque de cette blessure profonde de l'âme africaine. Ce sujet m'a toujours donné la chair de poule et fait frissonner mon corps. Je l'évoque dans ce livre pour guérir et regarder vers l'avant. Mais comment aurait-on dû qualifier ce transfert violents d'Africains d'un continent à l'autre s'interroge Alphonse Quenum :

« En quatre siècles, et sans interruption, le monde chrétien a capturé, acheté, revendu des dizaines de millions d'êtres humains. On qualifie aujourd'hui de crime contre l'humanité, la folie meurtrière d'Hitler et de ses alliés. Comment aurait-on dû qualifier ce transfert violent de millions d'hommes d'un continent à l'autre ? Ce sont des questions qui méritent d'être posées. Le fait que ces principaux responsables ne voyaient pas d'objection morale à traiter comme marchandise des hommes, des femmes et des enfants, le fait qu'il y ait eu complicité des esclavagistes

23. CÉSAIRE Aimé, *Cahier d'un retour au pays natal*, Paris, Présence africaine, 1983, pp. 24-25.

locaux pris au même jeu du gain, ces faits doivent-ils servir d'alibi, au point que les historiens soient toujours gênés pour qualifier objectivement le phénomène ? Il ne s'agit pas de réécrire l'histoire mais de la lire au niveau des principes, des raisons d'agir, des acteurs majeurs et des faits. »[24]

Il s'agit là d'un crime orchestré par les dominants afin de marchandiser les dominés et s'enrichir sans scrupule. L'argent a souvent été le nerf de la guerre et des inégalités à travers le monde. On ne peut pas tout connaître de ce trafic honteux, mais on ne peut pas malgré tout s'empêcher de fouiller, de remuer ciel et terre pour obtenir une idée proche de la certitude. La vérité on la cherche ; mais elle est dans les vagues des océans, elle est dans les plantations de canne à sucre des Amériques et des Antilles, elle est dans nos villages d'Afrique vidés de leurs forces vives, elle est dans les fosses communes des esclaves enchaînés, morts de fatigue lors de longues marches à pied et elle est dans les tombes introuvables de ceux qui sont morts suffoqués parce qu'entassés comme des fagots de bois dans des comptoirs. Elle est dans les épaves de bateaux et dans les débris de chaînes d'Elmina Castle du Ghana et dans l'île de Gorée au bas Sénégal, à Zanzibar (constitué en Sultanat en 1840 par les Arabes pour la traite vers l'océan Indien et l'exportation de sisal, de coton et de canne à sucre). Elle est en Haïti, en Jamaïque , au Brésil, en Guyane, en Guinée, à Pointe Noire, à Matadi, à la Havane, à Ouidah, au Brésil, à Luanda, Benguela, Cabinda... Rien que de ces trois derniers ports, au courant des années 1640, plus de 100.000 captifs embarquèrent à destination du Brésil... Elle est dans le rythme et le son mélancolique du jazz et du gospel noir américain, dans la salsa cubaine, dans la chanson du Griot sénégalais et malien. Ces musiques expriment la détresse intérieure d'un peuple abandonné à lui-même et à son triste sort.

La recherche de la vérité me tient à cœur car, dans son non-dit elle porte une partie de mon histoire. Je la cherche parce qu'en son sein se trouve les racines de nos frères noirs dits Afro-américains, des Noirs déracinés du Brésil et toutes les personnes de couleur

---

24. QUENUM Alphonse, *Les églises chrétiennes et la traite atlantique du XV⁰ au XIXe siècles,* Paris, Karthala, 2008, p. 56.

de la France d'outre-mer qui ont perdu leur lien direct avec la terre de leurs ancêtres. Tous les autres Nord-Américains savent retracer avec exactitude leur origine. On entend souvent parler d'Américains d'origine irlandaise, italienne, française (surtout en Nouvelle Orléans)… les Noirs quant à eux, passés de maîtres en maîtres ne le sauront peut-être jamais. Ici se trouve, à notre avis, la trace la plus ancienne de la déculturation du continent et des personnes d'origine africaine.

Le silence autour de ce sujet cache les atrocités perpétrées par les esclavagistes et leurs héritiers. Cette vérité je la cherche toujours non pas pour juger le passé avec le regard d'aujourd'hui, mais pour faire la paix avec le présent. Quand je laisse s'estomper la passion pour aborder le sujet avec un peu de recul et un regard averti, je réalise sans toutefois vouloir dédouaner les protagonistes qu'un trafic d'une telle ampleur ne s'est pas développé sans une complicité africaine. C'est une idée que Catherine Coquery ne contredit pas lorsqu'elle écrit :

> « L'esclavage était donc pratiqué depuis longtemps par des sociétés africaines, y compris celles situées au cœur du continent, et donc de ce fait relativement protégées des grands courants de traite internationale, aussi bien vers l'ouest que vers l'est. Certes, les réseaux de traite se sont démultipliés à partit du XVIIIe siècle, mais l'opinion la plus courante était jusqu'à présent que la plupart des sociétés locales les subissaient plutôt qu'elles n'y participaient. Or il semble, au contraire, que « l'esclavage a été beaucoup plus important […] que ce qu'on a souvent affirmé, et que le rôle des Africains de l'intérieur, non côtiers, dans la traite négrière a été bien plus complexe et important que ce qu'on avait coutume de penser ». L'hypothèse avancée est que « la traite négrière internationale s'est développée d'abord parce que l'esclavage était déjà très répandu dans la région. »[25]

---

25. COQUERY-VIDROVITCH et alii, *Op. Cit.*, p. 33.

Laissons aux historiens la tâche d'établir les rôles de chacun, peut-être nous diront-ils un jour si les sociétés locales africaines participaient au trafic ou si elles le subissaient. L'hypothèse paraît plausible qu'un tel mal ne se serait jamais développé sans complicité locale. Doit-elle servir d'alibi de justifier un mal par un autre ? Dans ma quête de vérité, je cherche le moindre indice sur ce fléau dans les bouquins, les documentaires, au cinéma…

Le roman de l'écrivain américain Harriet Beecher Stowe qui a donné lieu à un film classique intitulé la case de l'oncle Tom m'a bouleversé profondément. Ce film qui retrace les faits dans leur vérité historique démontre le calvaire de la vie d'un esclave : servitude, privation, chosification. Les esclaves étaient employés à tout faire. Ils travaillaient essentiellement à la production dans les champs, un travail harassant marqué par une sous- alimentation sévère. Le mérite du film se trouve dans son option de faire la promotion du droit à la différence et d'accepter les autres minorités marginalisées et dominées. J'ai visité quelques lieux symboliques qui sont des témoignages émouvants retraçant l'histoire de l'esclavage comme : le château d'Elmina au Ghana (érigé par les Portugais en 1486 puis occupé par les Hollandais en 1637, devenu vers 1500 un camp de concentration et de distribution d'esclaves), la Porte du non-retour à Ouidah au Bénin, les comptoirs de Zanzibar en Tanzanie et le musée de l'esclavage à Nantes. Les guides de circonstances de ces lieux et les images exposées m'ont replongé dans cette macabre histoire. Je n'ai pas pu m'empêcher de laisser couler quelques larmes.

J'ai pleuré parce que l'Afrique saigne aujourd'hui et sa douleur remonte loin dans le temps. J'ai pleuré pour mes arrière-grands-parents qui sont partis. J'ai pleuré parce que comme moi les Noirs Américains rencontrés à Elmina le même jour de visite n'ont pas pu contenir leurs larmes. Je n'ai pas pris part à cette ignominie et eux non plus car nous arrivons seulement de longues générations après ce désastre, mais la même angoisse nous habitait comme si ces faits s'étaient déroulés la veille. Dans leur gémissement je lisais l'amertume et la haine, le trafic a quand même duré quatre siècles. La même haine m'habitait contre les protagonistes africains qui d'une façon ou d'une autre ont collaboré à ce crime. J'ai pleuré parce que malgré l'abolition, d'autres formes d'esclavages modernes continuent à exister : les mariages forcés, les enfants obligés de faire la guerre et de prendre part aux conflits, les travaux des mineurs, la prostitution et le trafic des humains, les Noirs de Haïti dépouillés de tout à la frontière et qui font des travaux forcés dans des plantations de canne à sucre en République Dominicaine.

Aujourd'hui encore en Mauritanie, pour ne citer que ce pays, des personnes naissent esclaves et le demeurent de génération en génération. J'ai pleuré parce que les vraies excuses et réparations se font désirer : l'Afrique saigne de ce refus ! Nous ne devrions pas exiger des excuses, ceci devrait venir de la conscience des nations colonisatrices. Difficile de tourner cette page répressive si aujourd'hui il n'y a pas un effort d'équité dans la redistribution des richesses. Il a fallu attendre 1990 pour que certains dirigeants africains se mettent à réclamer une réparation :

> *« 25 milliards de dollars ! C'est la somme que réclame l'Afrique en réparation de cinq siècles d'esclavages. La requête a été officiellement présentée à la fin 1990 à Lagos (Nigeria), lors de la Conférence mondiale pour la réparation à l'Afrique et aux Africains de la diaspora. L'Europe et les deux Amériques seraient ainsi débiteurs d'un continent qui, il faut s'en souvenir, est la zone du monde la plus endettée (130 milliards de dollars) au regard du produit intérieur brut. Pour la première fois, « la longue nuit de la traite » (selon l'expression du président béninois Nicéphore Soglo) a trouvé une formulation purement et froidement économique et comptable. L'Afrique s'adresse à ses anciens maîtres dans leur propre langage : le chiffre, la statistique (vingt millions d'hommes et de femmes « prélevées », sans oublier les enfants à naître, future force productive ôtée au continent), le bilan. Ce que l'Occident offre comme un don (l'aide), il devrait le restituer comme un dû. Troquer la dette contre la traite des Noirs ? Après tout, l'Allemagne vaincue en 1918 dut payer 132 milliards de marks aux alliés. Aujourd'hui encore, écrit Mamadou*

Alpha Barry, elle est astreinte à dédommager Israël pour l'holocauste perpétré contre les Juifs par le régime nazi, alors même que cet Etat n'existait pas à l'époque où ce crime a été commis ». Mais la réparation ne saurait effacer le passé, qui sera toujours le passé. L'avenir, avec ou sans 25 milliards de dollars, restera à construire. »[26]

Je ne suis pas fervent partisan de la réparation, 25 milliards de dollars n'effaceront pas le déchirement occasionné par ce crime sauf si le faire à titre symbolique peut permettre d'atténuer la douleur de l'âme et de réduire le retard de l'Afrique en matière de développement. Lorsqu'on souffre disait Laure Conan, rien n'est plus pénible que le contact des indifférents (Adolphe, I-1816). Ce qui compte, c'est la reconstruction de l'Afrique, ce qui urge, c'est le rétablissement du dialogue avec ses enfants dispersés. Nous voudrions qu'un véritable acte de contrition se fasse entre nous, Noirs d'Afrique et Noirs d'ailleurs, au nom de notre propre participation à ce crime.

Rétablir le contact pour que chacun dans son actuel milieu de vie se souvienne de l'Afrique comme de sa vraie racine. Un jour dans un salon de coiffure à Chicago, Brown un coiffeur afro-américain s'amusait à me dire qu'il viendrait un jour dans la jungle du Congo où la polygamie est pratiquée pour épouser plusieurs femmes. Je lui ai dit c'est bien sauf si, après un test ADN (Acide désoxyribonucléique), il s'avérait, au vu des informations obtenues des cellules vivantes, que l'une des futures épouses descende d'un même ancêtre que lui. Et là il s'est mis à pleurer et à me parler de ce qu'il savait sur la tragédie de la traite négrière. Du coup, j'ai eu droit à une coupe de cheveux gratuite. Ceux qui sont partis et nous-mêmes avons une seule et même mère : l'Afrique.

Que cette vérité soit dite et enseignée aux descendants des Blancs d'aujourd'hui. Ils sont, eux comme nous étrangers à ce fait d'histoire, mais tout de même parlons-en par devoir de mémoire. Le traumatisme nous hante et les séquelles persistent. Ceci expliquerait en partie (sans justifier les abus ni la responsabilité des Africains) le retard que l'Afrique a pris pour son développement.

---

26. FOTTORINO Éric et alii, *Besoin d'Afrique*, Paris, Fayard, 1992, pp. 58-59.

Les jeunes interrogés dans nos entretiens ici et là sur le continent africain ont eu raison de mettre la traite au premier rang des causes du retard du développement économique de l'Afrique, mais ceci n'explique pas tout, je me permets cette répétition. Car justifier tout notre retard par l'esclavage et la traite négrière serait une excuse facile. Nous établirons la responsabilité des Africains plus tard. Les séquelles de cette page sombre bien que lointaine explique de facto l'inclination à la résignation qui fait accepter à certains Noirs la fatalité de se considérer sous-hommes et d'affirmer la supériorité de la race blanche :

> « *En Europe, même les métis sont des noirs, alors qu'en Afrique ils sont des blancs. Il suffirait de traverser la Méditerranée pour changer de race ! Cette différence de regard sur le métis entre L'Europe et l'Afrique est tout simplement due au fait qu'en Europe tout ce qui est mêlé de noir perd sa valeur alors qu'en Afrique ce qui a un peu de blanc en gagne.* »[27]

Le passé hante l'inconscient de certains. Les séquelles persisteront aussi longtemps que l'Afrique n'obtiendra pas son indépendance économique. Les populations africaines ont été tenues en esclavage, soumises à des traitements dégradants et astreintes aux travaux forcés. L'esclave, de par sa condition, s'avoue être inférieur à son maître. Et comme par contagion les mêmes clichés sont perpétués par des générations aujourd'hui tributaires du passé. Le fils hérite la culture du père, la fille celle de sa mère et le présent s'inspire du passé. Aujourd'hui fort malheureusement, certains Noirs sont convaincus de leur infériorité face aux Blancs. C'est ainsi, par exemple, que les Africains de la diaspora en France alors qu'ils étaient cadres, intellectuels respectés chez eux, acceptent faute de mieux des emplois subalternes comme éboueur, technicien de surface ou vigile condition qu'ils ne peuvent ni assumer ni accepter une fois en Afrique. L'égalité des chances devant l'emploi ne dépend pas toujours de la compétence du demandeur, mais souvent et surtout de l'origine de celui-ci.

---

27. KELMAN Gaston, *Je suis noir et je n'aime pas le manioc*, Paris, Max Milo, 2004, pp.108-109.

A compétences égales, les chances d'embauche ne sont pas égales. :

> « *La France a pratiqué le choix des migrations de main-d'œuvre le plus ségrégatif que l'on ait connu en Occident depuis la traite des nègres. Il s'agit en effet de cette importation de main-d'œuvre devant réaliser le travail que les autochtones ne veulent pas faire. Et dans l'échelle des emplois subalternes, le Noir africain occupe sans conteste la dernière place sur la voirie, après le Maghrébin des chaînes de montagne automobile et des mines, et le petit fonctionnaire hospitalier ou postal antillais du BUMIDON. Une telle hérédité, après l'esclavage et la colonisation, ça laisse des traces profondes, sinon indélébiles, dans les esprits.* »[28]

Les emplois subalternes sont bien catalogués, répertoriés. Aimé Césaire nous en fait une triste description :

> « *Je veux avouer que nous fûmes de tout temps d'assez piètres laveurs de vaisselle, des cireurs de chaussures sans envergure, mettons les choses au mieux, d'assez consciencieux sorciers et le seul indiscutable record que nous ayons battu est celui d'endurance à la chicotte…Et ce pays cria pendant des siècles que nous sommes des bêtes brutes ; que les pulsations de l'humanité s'arrêtent aux portes de la négrerie.* »[29]

Selon un ordre établi depuis l'esclavage et la traite, les emplois non valorisants et difficiles reviennent de droit aux Noirs comme jadis des places réservées d'avance dans un resto, dans une salle de spectacle ou dans un stade. Dans cette catégorie on classerait les travaux des récoltes et de cueillette dans certaines plantations, les éboueurs, le gardiennage, la voirie, la distribution de magazines, de catalogues et de prospectus publicitaires… Je me demande ici, tout comme Gaston Kelman, pourquoi on accorde autant d'importance à la couleur de ma peau :

---

28. KELMAN Gaston, *Op. Cit.*, pp. 91-92.

29. CÉSAIRE Aimé, *Op. Cit.*, p. 38.

« Est-ce que la couleur de la peau d'un homme a plus d'importance que la couleur de ses cheveux ? Est-ce que la race dote les individus de caractéristiques spécifiques qui détermineraient leurs comportements de toute éternité ? »[30]

Les séquelles restent, et quand on les tolère, comme c'est le cas, elles s'installent en valeurs et normes absolues.

Je voudrais vous raconter ce qui m'est arrivé en 2006 à Lyon, en France, alors que je me trouvais en compagnie d'un ami français de race blanche. Pardonnez ce détail car j'ai compris depuis toujours que la grandeur d'un homme se situe bien au-delà des considérations raciales. Je n'ai mentionné ce détail, dont je me serais passé, que pour une bonne compréhension de ma petite histoire. La différence des couleurs n'est pas ce qu'il y a d'essentiel dans la vie ; restons solidaires de ce que notre appartenance commune à l'humanité nous apporte. L'universel humain s'incarne dans le respect des uns et des autres. Il nous faut aller vers ce qu'Alain Touraine appelle : culture globale d'aujourd'hui :

« A la culture globale d'aujourd'hui ne correspond plus aucun type humain, aucune figure emblématique, pas plus les femmes que les hommes, ou les jeunes que les vieux, pas plus les habitants de New-York ou de Paris que ceux de Rio ou de Calcutta. La destruction des médiations sociales laisse face à face la globalisation du champ culturel et la multiplicité indépassable des acteurs sociaux. »[31]

Ceci nous renvoie au principe de la relativité culturelle (Conférence de Mexico de 1982) au nom duquel chaque culture constitue un patrimoine matériel et immatériel, apportant son savoir au monde, en s'enrichissant même du contact avec les autres. Quant à la petite histoire, la voici : mon ami me proposa une balade à pied sur le bord du Rhône. Voulait-il me faire savourer du vin de qualité, un bon vin de Bordeaux ou du Beaujolais nouveau ? Je n'en savais

---

30. KELMAN Gaston, *Op. Cit.*, p. 9.

31. TOURAINE Alain, *Pourrons-nous vivre ensemble ? Égaux et différents*, Paris, Fayard, 1997, p. 49.

rien, ceci devait être une surprise. Il y avait des bateaux lumineux accostés qui servaient de bistrots de renom. C'est là que mon ami me conduisit. Deux gardiens robustes lui dirent sans m'avoir aperçu que le droit d'entrée s'élevait à 10€ (Dix Euros). Mais quand ma silhouette apparut, l'un des deux me sortit cette phrase : « Ici l'accès est interdit aux Noirs ».

Le visage de mon ami devint pâle il n'en croyait pas ses oreilles. Il dit aux videurs que la France était un pays de droit et que la ségrégation raciale était bannie par la Constitution. La France, une parmi les grandes nations du monde, terre de la haute couture et de la gastronomie, côtoie aussi des anti-valeurs comme le racisme viscéral et le rejet de l'autre.

Mon ami souffrait plus que moi. Je lui fis comprendre que même en Afrique on peut trouver des personnes qui déclarent ouvertement qu'ils n'aiment pas les Blancs. Nous ne devons pas céder au découragement, ce serait pour eux une occasion de chanter victoire. Notre vraie race c'est l'humanité et pour qu'elle soit victorieuse répétons à qui veut nous entendre que le respect de sa dignité est sacré et qu'elle n'a ni race, ni genre, ni âge. Les injures à caractère racial doivent être bannies par la rigueur de la loi. Ne soyons pas toujours sur la défensive à la manière des groupes victimistes. Embrassons le multiculturalisme pour ne pas céder au risque de l'enfermement.

Le Noir est il destiné à souffrir ?

Des questions de ce genre se posent dans des cercles des Noirs :

> « *Est-ce qu'une malédiction divine pèserait sur le Noir, malédiction qui en ferait un subalterne éternel ? Est-ce que l'histoire de Cham, fils de Noé, est mythe ou réalité ?* »[32]

Le Noir habitué à souffrir, à ne léguer que la souffrance aux générations postérieures, finit par croire que ceci fait partie de son destin. J'ai rencontré de nombreux Noirs qui font de cet état de fait leur credo de vie.

---

32. KELMAN Gaston, *Op. Cit.*, p. 9.

Les choses sont difficiles acceptons notre misère et battons-nous pour survivre. Voila pourquoi nos docteurs et cadres font facilement le gardiennage et autres petits jobs, car leur destin semble pour une grande partie relever du fatalisme. Le Noir n'est pas fait pour diriger, sa place serait au bas de l'échelle de la subordination. Il a été subalternisé et il a cru à l'impossibilité de voir sa tête se redresser un jour. Aimé Césaire, qui avait lui-même analysé cette conviction fatidique de certains Noirs, nous rapporte :

> « *On avait fourré dans sa pauvre cervelle qu'une fatalité pesait sur lui, qu'on ne prend pas au collet ; qu'il n'avait pas puissance sur son propre destin ; qu'un Seigneur méchant avait de toute éternité écrit des lois d'interdiction en sa nature pelvienne ; et d'être le bon nègre ; de croire honnêtement à son indignité, sans curiosité perverse de vérifier les hiéroglyphes fatidiques.* »[33]

Le Noir n'a pas vocation à souffrir. Non, ceci n'est pas notre destin. Je ne voudrais pas croire à une quelconque fatalité. L'unique absurdité c'est de courber nos fronts définitivement pour ne jamais les redresser. Une telle résignation ouvrirait la voie à l'inaction et à l'immobilisme. Les choses ne bougeront que si nous nous libérons du carquois de la sous-estimation dans lequel nous nous laissons enfermer.

Le célèbre artiste jamaïcain Robert Nesta Marley allias «Bob Marley» nous invitait à nous émanciper de l'esclavage mental. Il nous demandait de nous battre pour nos droits. Je crois fermement qu'il n'existe aucune faiblesse qu'on ne puisse surmonter par la volonté d'agir dans la bonne direction. Ce que certains parmi nous appellent à tort aujourd'hui destin n'est rien d'autre que cet esclavage mental, ce lavage de cerveau qui nous fait accepter cet état d'infériorité imposée et infernale.

---

33. CÉSAIRE Aimé, *Op. Cit.*, pp. 59-60.

En Amérique du nord, un grand pas a été franchi dans le sens de cette émancipation. Même s'il reste encore du chemin à faire, on se rend bien compte que le combat des Noirs, comme celui de Martin Luther King, commence à payer. Tout n'est pas parfait, mais là-bas le Noir n'est plus seulement éboueur. Il occupe des postes à responsabilités respectables dans le gouvernement et dans entrepreneuriat. L'un parmi eux, Barack Obama, est même devenu président de la République. Gaston Kelman déplore la lenteur dans l'évolution des mœurs du côté français :

> « Il paraît donc inimaginable qu'un Noir puisse occuper un bon poste de travail en France. Pourtant, si l'on en croit les statistiques du recensement général de la population de 1990, après la communauté du Sud-est asiatique et tous ses N'Guyen médecins ou pharmaciens, de tous les étrangers, les Noirs africains sont ceux qui ont le taux le plus élevé de cadres et professions intellectuelles. Et je ne parle pas des diplômes, de tous ces docteurs ou troisièmes cycles de sociologie ou d'histoire et de géographie qui, pour les hommes, font du gardiennage, qui, pour les femmes, se sont reconverties en aides-soignantes. Pour faire la part des choses, il faut dire que c'est chez les Noirs que l'on trouve aussi les taux les plus élevés d'emplois subalternes, d'ouvriers spécialisés. »[34]

A en croire Gaston Kelman, un Noir chef de grande entreprise publique ne ferait que choquer l'opinion et sa présence ferait baisser les chiffres d'affaires. Si son interprétation est vraie, elle ne peut que nous choquer de constater qu'aujourd'hui encore, le Noir ne peut être accepté que comme subalterne et en aucun cas dans une position dirigeante. Le Noir doit se battre pour faire évoluer cette situation, elle n'est pas normale. Exaspérés par une situation devenue insupportable, les Noirs Américains ont protesté et ils ont vu leur sort évoluer. Ce n'était donc pas leur destin, c'était un vice qu'il fallait à tout prix combattre.

---

34. KELMAN Gaston, *Op. Cit.*, pp. 90-91.

Il y a eu dans l'histoire du monde des peuples qui ont su faire face à des situations vraiment difficiles. Nous voudrions en quelques lignes établir une comparaison entre les tragédies alsacienne et africaine. Nous ne sommes pas entre deux blocs comme l'Alsace l'a été entre la France et l'Allemagne mais entre nos traditions et le modèle occidental. Les peines et souffrances ne sont sans doute pas les mêmes dans notre comparaison mais au bout du tunnel, il faut assumer son histoire et avancer en s'en donnant les moyens par le travail et en ne restant pas éternellement 'entre deux' sans jamais redevenir soi-même. En Afrique, les échecs sur le plan économique, religieux, politique et social sont facilement rattachés à l'esclavage, à la traite et à la colonisation de l'Occident. Cinquante ans après les indépendances, les choses n'ont pas beaucoup évolué. Même la génération qui n'a connu ni la traite, ni la colonisation trouve que le retard du continent vient de là. Il est vrai que l'Afrique noire a beaucoup souffert. Son histoire tragique rappelle l'esclavage et la traite négrière, la colonisation et le néocolonialisme.

Pour prendre un exemple concret, nous vivons en Alsace où le peuple a connu des misères. Pour essayer de savoir de quoi il est question, le lecteur est invité à suivre le film Les Alsaciens ou les deux Mathilde[35] : Ce film raconte la tragédie du peuple alsacien entre 1870 et 1953 où il a été ballotté entre deux cultures et deux pays : la France et l'Allemagne. A travers les tragédies, les humiliations, l'enrôlement de force dans l'armée allemande, l'interdiction de la langue française au profit de la langue allemande, le réalisateur nous fait comprendre que les Alsaciens sont toujours restés Français de cœur.

Nous vivons en Alsace depuis quelques années et sommes émerveillé par le travail et la prise en charge de son destin par le peuple alsacien bien que cette période 1870-1953 soit dans toutes les mémoires. Le lecteur se rendra compte que cette période correspond à celle de la colonisation de l'Afrique, et pourtant le peuple noir a encore du mal à assumer son passé.

---

35. Un téléfilm français de Michel Favart de 1995 réalisé en quatre épisodes de quatre fois une heure trente minutes.

Il est toujours divisé entre deux cultures. Il voudrait s'affirmer comme Africain et en même temps vivre comme les Européens. Toute la représentation de son existence se trouve ainsi perturbée, divisée entre deux. Nous sommes là devant un paradoxe : l'Afrique vit, rapporte le sociologue congolais Albert Muluma, déjà cité ci-dessus, à la croisée du présent et du passé.

Tout le drame du manque de développement sur le continent africain se trouve dans ce comportement partagé difficile à comprendre. D'une part on affirme avoir de la nostalgie pour son passé volé, d'autre part on est friand de la modernité occidentale. Jusqu'à quand va-t-on justifier nos échecs par la mainmise et l'ingérence des occidentaux dans nos affaires? Le passé douloureux qui n'est pas l'apanage des Africains n'est plus la seule excuse de notre retard dans plusieurs domaines. Il faut cesser de jouer à la victimisation de l'Afrique. Il faut s'assumer par le travail et avancer vers un monde meilleur.

Les Alsaciens ont surmonté leur tragédie, pourquoi ne le ferions-nous donc pas ? Dire que nous sommes destinés à souffrir c'est affirmer maladroitement que le changement est impossible. Nous ne devons pas continuer à chercher notre avenir dans un passé tragique imposé du dehors. La génération actuelle des Occidentaux que nous accusons n'a participé ni à la traite ni à l'esclavage. Tous ceux que nous croisons aujourd'hui ne sont pas des colons. Acceptons d'avancer malgré les nouveaux défis à relever. Sans doute devons-nous apprendre à nous remettre en question, à accepter notre part de responsabilité devant nos échecs et à inventer l'avenir par le travail.

Le pasteur et les élites averties inviteront le peuple d'Afrique à se réconcilier avec son histoire. Évangéliser, gouverner ce peuple commence par l'aider à s'accepter, à se dépasser pour ne pas toujours être un sujet entre deux, à redevenir lui-même, à embrasser le Christ avec son cœur d'Africain et à affronter les défis qui pointent à son horizon. On ne peut pas exister sans résister à la tentation de toujours accuser les autres, on ne peut pas exister sans inventer des perspectives d'avenir et de nouvelles préconisations. On a trop souvent cherché dans le passé les solutions à nos problèmes. Arrêtons de croire que la politique simpliste du bouc émissaire peut apporter la croissance à nos économies. La théologie de l'inventivité prônée par Jean-Marc Ela et Léonard Santedi nous invite à remuer la terre, à semer le grain qui poussera demain.

Changer le visage de notre continent et de notre Eglise nécessite une grande créativité, beaucoup d'inventivité. Léonard Santedi exprime en ces termes cet effort de recherche qui animera l'ensemble de cette dernière partie :

> « *Dès lors, une tâche délicate et périlleuse mais certainement urgente, capitale et vitale pour l'avenir du christianisme dans le continent africain incombe aux églises d'Afrique. Celle de penser une évangélisation qui assume les multiples défis auxquels les peuples africains font face, une évangélisation qui affronte sans détour les innombrables maux qui accablent de nos jours l'Afrique. Bref, il s'agit d'une évangélisation dont la mission principale est d'inventer et d'appeler à inventer pour aujourd'hui et pour demain une réponse nouvelle de la foi aux défis de l'histoire de l'humanité à l'aube du XXIe siècle. La crédibilité du christianisme en dépend.* »[36]

L'heure de l'inventivité et de la créativité a sonné. Le discours est resté trop centré sur les critiques à l'encontre de la traite et de la colonisation et contre les méthodes d'implantation de l'Église, surtout catholique, parce qu'en elle on retrouvait la main du Blanc colonisateur. Il faudra d'ailleurs que les penseurs arrivent un jour à séparer l'amalgame et le malentendu entre l'œuvre du colonisateur et la mission évangélisatrice de l'Église. Un grand travail a été fait par les missionnaires, car c'est grâce à leur dévouement que la foi chrétienne n'est plus étrangère à l'Afrique et cela, on ne saurait l'ignorer. Beaucoup ont payé de leur vie l'évangélisation de l'Afrique.

---

36. SANTEDI Léonard, *Les défis de l'évangélisation dans l'Afrique contemporaine,* Paris, Karthala, 2005, p. 9.

Il y a eu quelques erreurs de jugement concernant la culture de l'autre. Il revient aux Africains de quitter la monotonie du discours et de peser théologiquement par des propositions concrètes dans leurs productions scientifiques pour relever les défis auxquels la foi chrétienne fait face en terre africaine. On ne peut pas continuer sur cette voie de la critique facile sans oser proposer de nouvelles pistes censées rectifier les erreurs du passé.

I.2.3. La traite et la colonisation intrinsèquement liées.

Le Noir a-t-il fait objet d'un complot du reste de l'humanité ?

Permettez moi de répondre par l'affirmative à cette question. L'esclavage et la traite négrière viennent juste après la découverte du nouveau monde par Christophe Colomb en 1492. La traite et la colonisation ont toutes les deux un dénominateur commun : l'exploitation du faible par le fort. La colonisation est le corollaire nécessaire de la traite ; tout se passe à travers des réseaux bien organisés, les deux étant devenues des enjeux forts des politiques de conquêtes. Un besoin très fort de main-d'œuvre se fit sentir, car il fallait doter de culture et d'infrastructures la nouvelle terre découverte. Catherine Coquery nous renseigne :

> « *Les « découvertes » des navigateurs des XVe et XVIe siècles ont été le point de départ pour les puissances européennes de l'Atlantique du partage colonial et de l'exploitation du « Nouveau Monde ». Du côté américain, la «rencontre» fut suivie par une domination brutale qui entraîna l'asservissement, la disparition de peuples et de civilisations. Dès son deuxième voyage, en 1493, Christophe Colomb revient en colonisateur avec 1500 hommes, parmi lesquels les premiers esclaves d'origine africaine, et de plantes à « acclimater », dont des plants de canne à sucre : « Après la Méditerranée atlantique de Madère aux Canaries, aux îles du Cap-Vert et à São Tomé, le paradigme sucrier fait le grand saut vers la Caraïbe et l'Amérique, à la suite des grands navigateurs.* »[37]

---

37. COQUERY-VIDROVITCH et alii, *Op. Cit.*, p. 93.

Un trafic des humains naquit de cette demande, voila pourquoi Portugais, Espagnols, Français, Anglais, Hollandais pour ne citer que les ténors se lancèrent dans des opérations de déportations des Noirs. Nous tirons notre évidence du rapprochement et de la succession de ces deux faits historiques : la découverte de l'Amérique et la déportation des Noirs vers ce nouveau continent. Trouvez ici cette thèse soutenue par un grand penseur et historien Sénégalais Cheikh Anta Diop telle que rapportée par Gaston Kelman. Le complot de l'humanité contre le nègre relève pour lui d'un long processus historique d'infériorisation de la race noire :

> « C'est au début de cette période que l'Amérique fut découverte par Christophe Colomb. [...] la mise en valeur des terres nécessita une main-d'œuvre à bon marché. L'Afrique [...] apparut alors comme le réservoir humain tout indiqué où il fallait puiser une telle main-d'œuvre. »[38]

Utiliser des humains de seconde classe à des fins inhumaines qui sont le travail forcé et le trafic. Le Noir déporté, déraciné, dépaysé est devenu objet au service des maîtres comploteurs.

La soumission complaisante du Noir aurait-t-elle permis ces atrocités à son encontre ?

Il est difficile de répondre avec exactitude à cette question. Peut-on parler de soumission ou de complaisance quand on sait que les moyens de résistance n'étaient pas les mêmes entre l'agresseur envahisseur et le Noir ? Face à l'argument du plus fort, le Noir n'avait d'autre choix que de se soumettre. Il fallait accepter pour avoir la vie sauve. Ils préféraient les chaînes, les brimades et les humiliations à la mort. La vie est sacrée en Afrique et le suicide prohibé par la tradition.

L'image des chaînes persiste de nos jours ; être enchaîné, c'est être condamné à son sort. On a voulu faire du Noir, un être soumis à jamais. Enchaîné, le Noir a continué de croire honnêtement à son infériorité pour reprendre ici l'expression d'Aimé Césaire citée précédemment. Rien de pire que le sentiment de son infériorité par rapport à l'autre.

---

38. KELMAN Gaston, *Op. Cit.*, p. 21.

A l'époque de ces évènements, la soumission était sans doute l'unique recours pour le Noir : se soumettre ou mourir. Sans ce créneau il nous serait impossible d'expliquer pourquoi des millions des Noirs ont été déportés sans opposer une vraie résistance. Ce qui explique la soumission c'est la violence qui a accompagné l'esclavage et la traite. La soumission d'aujourd'hui n'est rien d'autre qu'une complicité du Noir à son autodestruction. Après l'abolition, la soumission ou la complaisance nous posent un sérieux problème. Comment comprendre qu'aujourd'hui le Noir accepte volontiers de vivre cette forme de maltraitance à outrance et organisée ? Aujourd'hui, il est plus que jamais temps de lutter contre cette injustice. Dans sa conception de l'histoire, la révolution, nous dit Joseph Ki-Zerbo, fait avancer les choses :

> « La révolution, c'est le processus structurel qui fait avancer, de façon invisible, les choses jusqu'au moment où la prégnance de ces structures est telle qu'il faut nécessairement faire un saut qualitatif. Je prends encore une fois le cas de l'unité africaine. Supposons que nous restions sans unité pendant encore cinquante ans et que les problèmes s'aggravent au point de vue épidémies, analphabétisme, emploi, etc. Je suis sûr que des groupes de plus en plus nombreux dans la société civile diront un jour : « Ce n'est pas possible, ça suffit comme ça, trop c'est trop ! », et ils feront les Etats généraux du continent africain. Ce sera comme dans la nuit du 4 août 1789, au cours de laquelle l'Assemblée nationale constituante française vota l'abrogation des derniers privilèges de la noblesse et du clergé. Ce sera un acte aussi révolutionnaire qu'au moment où Jean Sylvain Bailly, qui présida cette séance mémorable de l'Assemblée nationale dans la célèbre salle du Jeu de paume, déclara au nom du tiers état : « Le peuple rassemblé ne peut recevoir d'ordre. » C'est non seulement tourner la page, mais changer de dictionnaire. »[39]

Le Noir ne peut plus se permettre de jouer à la complaisance, à la soumission. L'immobilisme, l'inaction équivalent à la complicité, la docilité et l'approbation du sort. Qui ne dit rien consent. Ce qu'il

39. KI-ZERBO Joseph, *Op. Cit.*, p. 16.

faut envisager ici, ce n'est ni de consentir, ni de s'abstenir. Le devoir de réagir s'impose de toute urgence. Dire non à l'inertie voilà la révolte. Face à cette saignée, il se doit d'agir par une insoumission non violente et non compromettante. Le Noir meurtri par les répressions et les sinistres se doit aujourd'hui de mener une résistance. Il devra se révolter contre ceux qui aujourd'hui encore continuent à le tenir pour un sous-homme. En son temps, Jean Rostand avait pressenti à juste titre qu' : « il n'est pas de souffrance comparable au sentiment d'une infériorité naturelle ». (Ignace ou l'écrivain- 1923).

Insoumission non violente car, comme le disait Martin Luther King, la violence est aussi inefficace qu'immorale. Elle est inefficace parce qu'elle engendre un cycle infernal conduisant à l'anéantissement général. Oui la violence conduit à l'anéantissement général. Toutes les rébellions en Afrique n'ont fait que semer l'insécurité au sein de la population : horreur, terreur, violence, génocide, violations des droits et impunité des bourreaux. Nos rebellions aux blessures très profondes (réfugiés, déplacés, déchirement, famine, perte d'emploi, déscolarisation, exploitation) nous poussent à orienter notre combat vers une résistance non violente. Même sous d'autres cieux, la violence a conduit à des atrocités et à des désolations horribles :

> *« La guerre civile coûta à l'Espagne un million de morts, elle coûta aussi un million de morts au Mexique. « la violencia », cette forme de guerre civile qui ne débouchait sur rien, même pas sur une dictature, fit quand même en Colombie quatre cent mille morts pour une population qui fait le tiers du Mexique ou de l'Espagne. Le Mexique se souvient toujours de sa révolution, comme l'Espagne, comme la Colom*bie. On n'en veut plus. »[40]

Nous voudrions que les choses changent en invitant le Noir, par des moyens les plus pacifiques possibles, à contester cette injustice. La violence n'engendre rien d'autre que la violence. Le combat pour l'égalité des droits doit concerner toute l'humanité, sa noblesse nécessite sans délai notre résistance. Nos cadres ne doivent plus prendre plaisir à être inférorisés et réduits aux travaux

---

40. LARTÉGUY Jean, *Les guérilleros, Jean Lartéguy sur les traces de Che Guevara*, Paris, Presses Pocket, 1967, p. 222.

de l'agriculture, de la restauration et des B.T.P. (Bâtiments et Travaux Publics). Sans minimiser l'importance de ces secteurs, nous ne voudrions pas que les travaux pénibles, moins attrayants et dégradants socialement soient l'apanage de la diaspora africaine. Le Noir éparpillé à travers la surface de la terre se devrait d'agir afin d'inverser la tendance du déclin de sa dignité. Ce que déclarait Aimé Césaire dans une interview au journal Le Monde est assez éloquent :

> « *Comme Senghor. Ce qui nous est commun, c'est le refus obstiné de nous aliéner, de perdre nos attaches avec nos pays, nos peuples, nos langues. D'ailleurs, moi, ce qui m'a en grande partie préservé culturellement, c'est la fréquentation assidue des Africains. Ce contact a servi de contrepoids à l'influence de la culture européenne. Senghor, avec lequel, avant la guerre, j'ai vécu pratiquement dix ans au quartier Latin, a exercé une action considérable dans mon univers personnel. Comme lui, j'ai tout entrepris pour assimiler et ne pas être assimilé. L'un et l'autre, nous sommes francophones, acquis à la culture française, mais les armes miraculeuses, nous voulons les placer au service de nos peuples.* »[41]

Des contacts entre Noirs dispersés à travers le monde sont d'autant plus souhaitables pour recréer le lien brisé par l'histoire. Le Noir resté en Afrique devrait en plus de ceci, inverser le déclin démocratique, économique, alimentaire. La santé, l'éducation, le transport, le sport, l'état des routes, l'emploi, ne doivent pas être placés dans les placards de l'oubli de nos ministères. Il est impératif de constituer des chantiers prioritaires à exécuter dès maintenant. Au lieu d'avoir bêtement peur, disait l'abbé Pierre, soyons à l'affût de tout ce qui est concrètement possible. Nous reviendrons largement sur les perspectives d'avenir dans notre deuxième partie.

L'histoire nous enseigne que le 1er décembre 1955, aux États-Unis, au temps de Martin Luther King, une Noire exaspérée de jouer la soumise, Madame Rosa Parks[42] , cette pionnière du combat

41. CÉSAIRE Aimé, « Interview par Philippe Decraene », *Le Monde*, 7 décembre 1981.

42. Rosa Parks, Née en 1913, femme noire qui refusa de céder sa place à un

54

pour les droits civiques, refusa de céder sa place dans un autobus à une personne de la race dominante, un homme blanc. Il n'y a aucun plaisir à être à jamais soumis au dictât des autres. Il nous faut agir pour rétablir l'équilibre, pour revenir à l'égalité et être respecté.

La Porte du non-retour[43]

« Pour les esclaves, la traversée était un terrible déchirement, car cela signifiait presque certainement qu'ils ne reviendraient pas. »[44]

© Photo SMA Media Center

---

homme blanc dans un autobus en 1955 à Montgomery (Alabama) dans le sud-est des États-Unis. Son geste aboutira à l'abolition de la ségrégation raciale en 1964. Elle est morte chez elle à Detroit (Michigan) dans le nord-est, le lundi 24 octobre 2005 à l'age de 92 ans.

43. Cette porte fut construite dans le cadre des commémorations de Ouidah 1992. Qui fut un vaste retour sur le passé du royaume de l'ex-Dahomey et les menées esclavagistes Européennes de l'époque qui ont coûtées, entre le XVIe et le XIXe siècles, plus de cent millions de déportés à l'Afrique. Ce monument a été élevé à la mémoires de ces millions d'Africains qui ont payé de leur liberté, et encore plus souvent de leur vie pour l'édification de la puissance économique européenne ainsi que de certaines fortunes de la bourgeoisie de Bordeaux, Nantes ou d'ailleurs.

44. COQUERY-VIDROVITCH et alii, *Op. Cit.*, p. 92.

Lors de mes visites des lieux historiques du passé saignant de l'Afrique, je n'étais pas baigné par la même curiosité que celle des touristes européens qui éprouvent du plaisir à la découverte d'un lieu lors de leurs vacances. J'en ai vu des centaines admirer la faune et la flore fantastiques du Kenya dans le parc de Massai-Marat où sont protégées des espèces rares. Je les ai vus à Amboseli à la frontière tanzanienne les yeux orientés vers le Kilimanjaro, la plus haute montagne d'Afrique, émerveillés devant sa neige au sommet et son joli coucher de soleil.

A la Porte du non-retour, la découverte fût plutôt mélancolique. Ici, cette mémoire perdue m'est revenue. Comme ce nom l'indique, ils sont partis et ne sont jamais revenus comme les morts qui ne reviennent pas à la vie. La traite négrière, a envahi mes pensées. Mes pieds étaient posés sur le lieu même du crime. L'amertume, et une peine profonde occupaient seules mon esprit. Marcus Rediker, professeur à l'université de Pittsburgh en Pennsylvanie aux États-Unis, spécialiste de l'histoire atlantique, nous raconte le quotidien des esclaves à bord des navires négriers qui assuraient alors la traversée de l'Atlantique. Il parle entre autre d'une femme :

> « *L'histoire de cette femme n'est qu'un acte de ce que le grand chercheur et militant africain-américain W.E.B. Du Bois a appelé le « drame le plus magnifique des mille dernières années » soit « la déportation de dix millions d'êtres humains depuis la sombre beauté de leur continent maternel vers le tout nouvel Eldorado de l'Ouest. Ils descendirent en enfer ». Arrachée de force à sa terre natale, cette femme fut embarquée sur un navire qui devait la mener à un nouveau monde, fait de travail et d'exploitation, un monde où elle produirait probablement du sucre, du tabac ou du riz afin d'enrichir son propriétaire. »*[45]

C'est donc l'histoire d'une déportation, d'un voyage terrifiant qui obligea des millions de noirs à se confronter à la violence extrême des châtiments et des supplices de leur futur destin.

---

45. REDIKER Marcus, *A bord du négrier. Une histoire atlantique de la traite*, Paris, Seuil, 2013, p.13.

Cette porte dite de non-retour se trouve sur les bords de l'océan Atlantique, à la plage de Ouidah au Bénin. Ce monument symbolise le trafic éhonté qu'est la traite négrière, ce crime organisé où des millions de Noirs ont été déportés par les esclavagistes à des fins d'exploitation. Cette porte évoque le déplacement forcé des êtres humains de couleur noire vers des cieux inconnus et comme son nom le suggère, ils ne sont plus revenus sur leur terre.

« Au XVIe siècle commença l'invasion extérieure : une ingérence de taille, avec les « grandes découvertes » de l'Afrique au sud du Sahara et de l'Amérique latine. Ces découvertes ont entraîné, comme vous le savez, la traite des Noirs. Après le génocide des Indiens, la traite a coûté la vie à des dizaines de millions d'Africains qui ont été arrachés à ce continent et expédiés dans des conditions atroces au-delà de l'océan. Aucune collectivité humaine n'a été plus infériorisée que les Noirs après le XVIe siècle.

On a commandé des esclaves noires par millions ; on a utilisé des Noirs comme des reproducteurs d'autres Noirs dans des haras pour reproduire d'autres petits Noirs pour le travail dans des plantations. Combien d'enfants africains a-t-on jetés par-dessus bord ou abandonnés dans les comptoirs, loin de leurs mères qu'on emportait, parce qu'il aurait fallu trop de temps pour les nourrir avant qu'ils ne soient exploitables ? On les achetait par tonnes. On amputait et dépeçait comme viande brute les rebelles dits « nègres marrons ». Pendant ce temps, les théologiens en Europe débattaient doctement la question de savoir si les Noirs avaient une âme. C'est une question que l'on n'a pas posée à propos d'autres groupes humains. Tout cela est connu, personne ne peut le nier.

Mais comment se fait –il qu'on n'arrive pas à reconnaître que toute l'espèce humaine a été infériorisée, humiliée, crucifiée par de tels traitements ? La traite des Noirs fut le point de départ d'une décélération, d'un piétinement, d'un arrêt de l'histoire Africaine. Je ne dis pas de l'histoire en Afrique, mais d'une inversion, d'un retournement de l'histoire en Afrique. Si l'on ignore ce qui s'est passé au travers de la traite des Noirs, on ne comprend rien à l'Afrique.»[46]

Ils sont partis comme le sel se dissout dans l'eau de la marmite. Cette mort affecte l'Afrique au plus profond de son âme, elle qui a perdu ainsi une partie de ses enfants. Des enfants d'une même famille se trouvent dispersés, l'un à Nantes, à la Rochelle, à Bordeaux, l'autre aux États-Unis d'Amérique. Ils changent de maîtres, passent de corvée en servitude et entre le frère ou la sœur de Nantes, celui ou celle de l'Amérique et le reste de la famille en Afrique, le silence et les larmes constituent l'unique trait d'union. L'Afrique aujourd'hui ne pèse pas lourd au concert des Nations, pensent certains, car son économie est très faible. Ils ignorent trop vite l'apport de ses déportés dans l'édification de la puissance économique européenne et américaine. Ki-Zerbo est de ceux qui revendiquent l'apport des Africains à l'essor industriel de l'Europe et des États-Unis d'Amérique :

> *« Par la traite des Noirs et l'esclavage, l'Afrique avait contribué à propulser l'Europe dans l'industrialisation. »*[47]

Comme quoi, le malheur des uns peut parfois faire le bonheur des autres. La vie ne vaut rien, disent certains, si on ne va pas jusqu'au bout de ses rêves. Mon rêve à moi n'est pas seulement d'écrire, mais surtout de voir un jour le monde réconcilié avec l'Afrique et l'Afrique avec le reste du monde. Que tous les bouts du monde qui portent l'empreinte digitale noire redressent la tête et tournent définitivement cette page sans amertume. Jean Rostand disait : « chaque souffrance porte en soi sa rancune ». Je ne voudrais pas le suivre sur cette voie, je voudrais plutôt entendre Gaston Bachelard nous dire :

> *« Une souffrance est toujours reliée à une rédemption, une joie à l'effort intellectuel. »*[48]

46. KI-ZERBO Joseph, *Op. Cit.*, p. 23.

47. *Idem..*

48. BACHELARD Gaston, *L'intuition de l'instant*, Biblio Essais, 1932.

On ne saurait à jamais taire cette vérité. On ne peut pas se permettre d'assassiner cette vérité. Notre conscience continue à en souffrir. Nous avons été victimes de la logique du profit, chosifiés, vidés de tout honneur. Une partie de nous devient irrécupérable, insaisissable. J'écris pour recoller les morceaux, les miettes, les fracas, les débris, les tessons non pas de bouteilles, mais de mon histoire, de mon existence, de mon âme, de mon peuple. J'écris parce que je crois à Lumumba, à Nkrumah qui nous ont demandé de réécrire l'histoire de l'Afrique, de pouvoir enfin faire le deuil de nos frères et sœurs partis. Ils sont partis de chez nous et les maîtres esclavagistes les ont vendus comme des objets, comme des animaux. L'écrivain américaine Harriet Beecher Stove nous rapporte une vente aux enchères des nègres dont le savoir-faire est mis en valeur pour l'augmentation du prix [extrait du south Carolinian (Colombie) du 4 décembre 1852] :

> « Seront vendus, le lundi 6 décembre, les nègres de prix dont les noms suivent : Andrew, âgé de vingt-quatre ans, maçon et plâtrier, ouvrier accompli ; Georges, âgé de vingt-deux ans, un des meilleurs barbiers de l'État ; James âgé de dix-neuf ans, excellent peintre. Ces jeunes gens ont été élevés dans la Colombie, ils ont des qualités exceptionnelles, et sont mis en vente sans qu'on ait à ne leur reprocher aucun défaut. »[49]

Le Noir parti à la dérive a vraiment souffert humilié, animalisé, chosifié, vendu. Pour changer de maîtres, le Noir marchandise traverse des frontières, il passe de l'Amérique latine à l'Amérique du nord. Les maîtres en panne d'argent doivent vendre leurs esclaves. On change leur nom en fonction de celui du nouveau maître. Certains prennent l'énorme risque de s'évader pour se soustraire aux traitements cruels qu'ils subissent :

> « 500 dollars de récompense. Échappe de chez le soussigné, le 25 mai, un très beau jeune mulâtre âgé de vingt et un à vingt-deux ans et nommé Wash. Ledit mulâtre, si on y regarde de près, peut se faire passer pour blanc, car il est de nuance très claire – il a des cheveux blonds, les yeux bleus et des

---

49. BEECHER STOWE Harriet, *La clef de la case de l'oncle Tom*, Adamant Media corporation, p. 25.

belles dents. Il est excellent maçon ; mais, de peur d'être découvert, selon toutes les probabilités, il ne continuera pas l'exercice de cette profession. Malgré ces débords qui l'assimilent aux blancs, il a toutes les dispositions d'un nègre, se plaît à chanter des refrains comiques et à raconter des plaisanteries. C'est un excellent domestique, qui ferait à merveille le service d'un hôtel. Il est grand, mince, et baisse volontiers les yeux, surtout quand on lui parle ; il a parfois des accès de bouderie. Il aura sans doute été débauché par quelque misérable, et je donnerai la récompense ci-dessus à quiconque reprendra le mulâtre et fera découvrir le voleur, qui devront m'être livrés à Chattanooga. Ou bien encore je promets 200 dollars pour le mulâtre seul, soit 100 dollars seulement si on le dépose dans une prison quelconque des États-Unis, de manière qu'il me soit loisible d'aller l'y reprendre. George O. Ragland, Chattanooga, 15 juin 1852.
»[50]

La traite négrière transatlantique visait une déculturation de l'individu, qui se manifestait à travers une déshumanisation rendue possible par la perte du nom et de la langue. Même quand les maîtres abusent des femmes esclaves noires pour satisfaire leur libido, le sang blanc perd toute valeur suite à son mélange avec du sang noir. Le mulâtre, fruit de cette union, subit les mêmes humiliations que les Noirs. Ô sang noir, quel crime as-tu commis !!! Au lieu de condamner leurs mulâtres, ces Blancs auraient dû s'abstenir de participer à leur mise au monde. Pourquoi se sont-ils humiliés par des rapports sexuels avec des personnes d'une race qu'ils considèrent comme inférieure ? Le mulâtre asservi n'était rien d'autre qu'une preuve irréfutable de dichotomie, de leur tricherie. On met un enfant au monde pour le rejeter et l'assujettir ensuite, n'est-ce pas là de l'infanticide ? Mais comment peut-il y avoir dichotomie entre des êtres qui ont une même humanité en commun ? Ce chant composé il y a cinq mille ans par un poète védique et rapporté par Edouard Schuré est d'une conscience grandiose qui respire notre humanité commune :

50. BEECHER STOWE Harriet, *Op. Cit.*, pp. 24-25.

« Le ciel est mon père, il m'a engendré. J'ai pour famille tout cet entourage céleste. Ma mère, c'est la grande terre. La partie la plus haute de sa surface, est sa matrice ; le père féconde le sein de celle qui est son épouse et sa fille. »[51]

La coexistence pacifique des races, des opinions et des croyances est une nécessité. On a limité les capacités du Noir à certains domaines : chanteur de refrains comiques, conteur de plaisanteries… Ces idées reçues vont être reprises et devenir jusqu'à nos jours une profession de foi. Gaston Kelman fustige cette perception erronée du comte de Gobineau sur le Noir :

> *«Le comte de Gobineau affirme donc que le Noir est fait pour l'art, comme le singe est fait pour la vie arboricole et la grimace. Pour le Noir, il faut la sensualité et pour le singe, l'agilité et la dextérité. Mais comme l'un et l'autre ne sont pas doués d'intelligence, ils doivent se soumettre à un maître qui canalisera leur don pour en faire des tours présentables dans un cirque. En plus de cette destinée d'amuseur, le Noir se voit dénier toute capacité de conception, de réflexion. Tout succès noir est rationalisé et ramené à la sphère de la nature, donc de la bestialité. Ni les conditions sociologiques ni l'effort individuel ne sont pris en compte. S'il réussit dans le sport, c'est à cause de sa morphologie aérodynamique, de sa masse musculaire.*
>
> *La musique et le rythme, il les a dans le sang. Pourtant, si le choix n'avait pas été fait de bestialiser le noir, on aurait aisément compris que des prédispositions morphologiques ou les alchimies sanguines n'ont rien à voir dans ses performances, mais plutôt une banale nécessité d'adaptation à son milieu, une obligation de survie, tout comme on trouve plus de skieurs dans les Alpes qu'en région parisienne ou à Conakry. Si nous prenons le cas du sport, il est évident que les négro-Américains sont devenus de grands champions du divertissement des blancs, de la même manière que les gladiateurs se jetaient dans l'arène et affrontaient le lion ou*

51. SCHURÉ Edouard, *Les grands initiés,* Saint-Amand, Librairie académique Perrin, 1960, p. 31.

un adversaire humain, pour le plaisir de César. Pour ce qui concerne les Noirs américains, il s'est avéré très vite que la distraction du maître par le sport était l'une des rares voies pouvant leur apporter succès, fortune et notoriété. »[52]

Tout a été mis en place pour minimiser les capacités du Noir né dépourvu d'intelligence, sans aucun sens d'initiative. Même ses succès sont simplement attribués à sa morphologie et à sa nature animale. On s'accorde sur son inaptitude à mener un raisonnement logique. On lui reconnaît tout de même des habiletés dans la plaisanterie et dans la chanson. Il sait chanter comme le coq, la cigale, le rossignol, et plaisante comme un singe. Voilà ce à quoi il est réduit ; pour certains, tout porte à croire que ces idées préconçues et propagées sont vraies. Les partisans de la suprématie blanche continuent librement à adhérer à ces ragots.

I.3. La colonisation.

« *En Europe, la soif de terre africaine était désormais presque palpable. Certaines revendications conflictuelles devaient être apaisées, et il fallait manifestement établir quelques règlements de base pour continuer à diviser le gâteau africain. Bismarck se proposa comme hôte à Berlin d'une conférence diplomatique destinée à débattre ces problèmes. Le 15 novembre 1884, des représentants des puissances européennes se réunirent donc autour d'une large table en fer à cheval donnant sur le jardin de la résidence officielle en briques jaunes de Bismarck, sur la Wilhelmstrasse. Parmi les ministres et plénipotentiaires en costume officiel qui prirent place sous le plafond voûté et les lustres étincelants se trouvaient des comtes, des barons, des colonels, et un vizir de l'empire ottoman. Bismarck, en habit de cour écarlate, les accueillit en français, lingua franca diplomatique. Installés devant une grande carte de l'Afrique, les délégués se mirent au travail.* »[53]

---

52. KELMAN Gaston, *Op. Cit.*, pp.140-141.

53. HOCHSCHILD Adam, *Les fantômes du roi Léopold. La terreur coloniale dans l'État du Congo 1884-1908*, Paris, Édition Tallandier, 2007, p. 147.

Juste une dizaine d'années après l'abolition de la traite négrière, ils (Anglais, Français, Portugais, Espagnols, Belges, Allemands) trouvent vite une autre formule pour continuer à dominer le Noir. Ne dénonçons pas trop vite l'esprit de la Conférence de Berlin qui organisa formellement le partage de l'Afrique et les méthodes d'expansion coloniale avec nos arguments d'aujourd'hui. La longue citation d'Isidore Ndaywel-è-Nziem montre au contraire combien les participants se donnaient bonne conscience :

> « La Conférence de Berlin avait vécu. Au cours des décennies suivantes, ce rendez-vous acquit un retentissement qu'il n'avait pu susciter à l'époque. On a pu s'en rendre compte notamment grâce à l'importance prise par ce chapitre dans les lectures qui nous ont été proposées de l'histoire africaine, qu'elles soient de la plume de G. Hardy (1922), de Ch. A. Julien (1942), de H. Deschamps (1952), de R. Cornevin (1956,1964), de Ganiage (1968), de H. Brunschwig (1961) ou de J. Ki-Zerbo (1971). En Afrique, on a pu s'en rendre compte par l'audience qui fut accordée à la célébration de son centenaire en 1984-1985.
>
> Ceci démontrait à suffisance le caractère hautement significatif que le monde contemporain attachait à cet évènement historique. Pourtant, si l'on s'accorde sur son importance historique, son contenu précis se prête à des interprétations différentes, voire divergentes. La première méprise à relever est le fait que si cet évènement est aujourd'hui perçu sous un angle dépréciatif, les contemporains de la conférence et ses participants n'avaient nullement mauvaise conscience. Au contraire, ils étaient fiers d'avoir abouti à une aussi belle réalisation, intéressante à tous points de vues pour l'Europe comme pour l'Afrique. »[54]

Il est vrai que le contexte n'est pas le même, il nous faut parfois nous émanciper de la critique facile. Un effort de connexion avec la mentalité de l'époque permet peut-être de comprendre

---

54. NDAYWEL-È-NZIEM Isidore, *Histoire du Zaïre. De l'héritage ancien à l'âge contemporain*, Louvain-la-Neuve, Duculot, 1997, p. 278.

l'enchaînement des événements à la base du fonctionnement du système colonial. Ce qui nous paraît scandaleux aujourd'hui était, nous semble t-il, un motif de gloire au moment des faits. Isidore Ndaywel écrit :

> « La presse de l'époque n'a pas manqué de souligner ce fait comme en témoigne cet article paru dans le journal Indépendance belge du 2 mars 1885 : les navires pourront désormais aller et venir librement sur tous les cours d'eau qui sillonnent cette zone de trois millions de kilomètres carrés[...] les ouvriers que notre vieux sol ne peut plus nourrir et qui n'ont plus d'autre travail que de manifester leur manque de travail, trouveront là-bas une terre hospitalière où ils exploiteront l'ivoire, la gomme, les céréales, toutes les ressources de ces fertiles régions sous l'œil protecteur d'États civilisés dont les frontières sont maintenant régularisées, dont les lois libérales sont garanties dans leur fonctionnement. »[55]

C'est donc avec enthousiasme que le partage du gâteau africain est accueilli par les nations colonisatrices qui peuvent enfin inverser la courbe du chômage et exploiter librement les ressources du continent africain. Pour nous, ceci est une lecture séquentielle de la tragédie. Pour les Etats dits civilisés, par contre, la Conférence de Berlin était un pari gagné, et Isidore Ndaywel de renchérir :

> « On a beau dénoncer les faux rôles que les différentes interprétations ont fait jouer à cette conférence qui n'aurait pas formellement partagé l'Afrique, ni posé le principe des sphères d'influence, ni même reconnu l'EIC qui a acquis une sorte de statut de « colonie internationale » (Stengers J., 1985 :11-19), il n'en reste pas moins vrai que Berlin aura constitué un point de départ, la mise au point d'une méthode d'expansion coloniale qui fait l'économie de conflits entre puissances coloniales ; Berlin apparaît comme l'ébauche d'une première « Société des Nations » où furent conclues les premières conventions internationales qui ne soient pas le résultat d'une guerre (Chambard L., 1985 :19). »[56]

---

55. NDAYWEL-È-NZIEM Isidore, *Op. Cit.*, p. 278.
56. *Idem.*, pp. 278-279.

Considérée sous l'angle africain, la Conférence de Berlin représente beaucoup plus un malheur qui établit des frontières parfois incompréhensibles entre des peuples frères. Ceux qui parfois se vantent des bienfaits de la colonisation, ne nous ont jamais expliqué le mobile d'un tel système. Si bienfait il y a serait-il vraiment comparable à la répression, au pillage des ressources et à l'exploitation de peuples entiers ? Adam Hochschild décrit ici la terreur coloniale que fit régner le roi des Belges Léopold II dans l'État du Congo :

> « *En examinant aujourd'hui ces témoignages écrits et photographiques, l'on est conduit à se poser une question cruciale : combien de victimes a fait exactement le régime de Léopold au Congo ? Le moment nous semble venu d'interrompre notre exposé pour tenter d'y trouver une réponse. La question n'est pas simple. Pour commencer, il n'est pas possible, en l'occurrence, de définir un cadre historique précis, comme on peut le faire, par exemple, pour déterminer combien de Juifs ont été tués par les nazis entre 1933 et 1945. L'État Indépendant du Congo, fief personnel de Léopold II, a existé officiellement pendant vingt trois ans, à partir de sa création en 1885, mais de nombreux Congolais mouraient déjà de causes non naturelles avant le début de cette période, et des éléments essentiels du système d'exploitation mis en place par le roi des Belges se sont perpétués pendant de longues années après sa fin officielle. Le boom du caoutchouc, qui fut à l'origine des pires massacres au Congo, débuta au milieu des années 1890 sous l'administration de Léopold, mais continua plusieurs années à la fin de son régime autocratique.* »[57]

Avant de parler franchement d'un quelconque bienfait de la colonisation, il vaut mieux réfléchir et se poser la question du sens de ces massacres et pourquoi avoir écumé le continent africain en faisant tant de victimes ? On n'arrivera jamais à mettre en lumière le nombre des victimes du système liberticide jugé aussi négligeable que l'oubli de se raser la barbe le matin :

---

57. HOCHSCHILD Adam, *Op. Cit.*, pp. 373-374.

« *La liste des massacres connus et documentés est interminable. Le territoire était couvert des cadavres, parfois littéralement. A l'endroit où le cours d'eau se jette dans le lac Tumba, écrit le missionnaire suédois E.V. Sjöblom, j'ai vu [...] flotter sur le lac des cadavres à la main droite coupée ; à mon retour, l'officier m'a dit pourquoi ils avaient été tués. A cause du caoutchouc.* »[58]

Le roi Léopold II n'était pas malheureusement un cas isolé par rapport aux abus sur le continent. Adam Hochschild rapporte des faits similaires ailleurs :

« *La Vérité sur le Congo publia de nombreux articles relatifs à des sujets tels que « L'opium aux Indes anglaises » et des communiqués de presse montrant sous un mauvais jour l'Empire britannique : peine du fouet en Afrique du Sud, sacrifices humains au Nigéria, exactions diverses en Sierra Leone.* »[59]

Tel fût le calvaire des peuples à l'époque coloniale. Un désastre en chasse un autre, après la traite, la colonisation. Les auteurs, eux, ont le souci d'aller jusqu'au bout du complot. Ils réalisent brillamment leurs plans : toujours exploiter et se servir des ressources africaines. L'oraison funèbre du Noir se poursuit et l'Afrique est divisée en plusieurs morceaux, voilà pourquoi nous aimons chanter, écouter un peu nos griots. Ils ne racontent que ça. Ils parlent de la mélancolie de l'âme noire. L'humour est notre arme unique, nous nous en servons pour lutter contre le désespoir lié à l'Afrique qui saigne. Le silence devient notre force pour digérer ce mal et chercher à le comprendre. On se tait souvent lorsque la souffrance devient routine et mode de vie. Au bout d'un moment les souffrances du Rwanda, du Darfour, les morts de la guerre africaine de l'est du Congo ne choquaient plus personne. La presse était fatiguée de reporter ce qui était devenu un fait banal, juste des morts en plus. Dans les exemples précités, l'opinion internationale ne réagit que plus tard. On laisse aux Noirs le temps de s'entre-

---

58. HOCHSCHILD Adam, *Op. Cit.*, pp. 376-377.

59. *Idem.*, p. 394.

tuer et d'enterrer leurs cadavres d'abord. Après tout ce ne sont que des Noirs, pour quelle raison les secours s'empresseraient ils ? L'humour, le chant, le silence sont des mécanismes que nous nous sommes donnés pour digérer et surmonter notre souffrance qui vient de loin comme vous le savez.

Pour beaucoup de penseurs, la traite négrière et la colonisation n'auraient eu pour motivation que de satisfaire les aspirations et les frasques économiques de l'Occident :

> « *A propos de l'immigration de main-d'œuvre, certains détours de l'Histoire devraient faire réfléchir. La succession des modes de servitude auxquels le Noir a été soumis depuis la traite ne saurait être l'œuvre du hasard. Il est particulièrement troublant de constater que la colonisation a commencé en Afrique à peine une dizaine d'années après l'abolition réelle de la traite des nègres. Pour beaucoup d'observateurs et au dire même des négriers, l'abolition de l'esclavage n'est pas due à des raisons humanitaires. Elle est due à une banale logique économique selon laquelle la traite coûte désormais trop cher par rapport aux bénéfices que l'on tire. Et la colonisation commence.* »[60]

Depuis la traite et l'esclavage, on a désacralisé la vie du Noir pour privilégier les intérêts économiques. L'argent passe avant la vie du Noir. La logique du profit a eu ses racines dans la traite, son tronc et ses branches dans la colonisation et ses séquelles perdurent aujourd'hui encore. Cette logique a décéléré, piétiné, arrêté l'histoire de l'Afrique. Elle a surtout déshumanisé l'homme noir. On a voulu trouver des circonstances atténuantes à la colonisation. J'ai été choqué, désagréablement surpris de voir les députés français débattre sur la mission civilisatrice de la colonisation. Arrêtez un peu de vous moquer de tout un continent. Appelez cela comme vous le désirez, pour nous colonisation égale : exploitation, privation, chosification, maltraitance, déshumanisation, corvée, aliénation, manipulation, assimilation, asservissement, subalternisation, bestialité, infériorisation, humiliation, invasion, ingérence, discrimination. Pour Ki-Zerbo, le système colonial était un hold-up,

---

60. KELMAN Gaston , *Op. Cit.*, pp. 41-42.

déshabiller l'Afrique pour en faire une propriété des conquérants :

> « *Le colonialisme était un système qui s'est entièrement substitué au système africain. Nous avons été aliénés, c'est-à-dire remplacés par d'autres, y compris même dans notre passé. Les colonisateurs ont préparé un hold-up sur notre histoire. Le « pacte colonial » voulait que les pays africains ne produisent que des denrées brutes, des matières à envoyer dans le Nord pour l'industrie européenne. L'Afrique elle-même a été empoignée, partagée, dépecée, et on lui a imposé ce rôle : fournir des matières premières. Ce pacte colonial dure jusqu'à présent. Si vous prenez la balance commerciale des pays africains, vous verrez que 60 à 80% de la valeur des exportations de ces pays sont des matières premières. Pour certains d'entre eux, c'est le cuivre, pour d'autres c'est la bauxite, l'uranium ou le coton. Quand avec Kwame Nkrumah, Amilcar Cabral et les autres, nous nous battions pour l'indépendance africaine, on nous répliquait : « vous ne pouvez même pas produire une aiguille, comment voulez-vous être indépendant ? » Mais justement pourquoi nos pays ne pouvaient-ils pas produire une aiguille ? Parce que, pendant cent ans de colonisation, on nous a affecté à ce rôle précis : ne pas produire même une aiguille, mais des matières premières, c'est-à-dire dépouiller tout un continent. Sur le plan politique, les Africains furent mobilisés pour des « luttes nobles ». Je ne parle pas des sales guerres coloniales où on utilisait les uns contre les autres - au Vietnam, en Algérie, à Madagascar et ailleurs. Pendant la première et les secondes guerres mondiales, nos frères, nos sœurs, nos parents, participaient à la lutte contre le nazisme et le fascisme. Nous contribuions, en tant qu'êtres humains, à défendre les principes sacrés de la dignité humaine.*»[61]

Le 26 juillet 2007, Le président Sarkozy en qui j'admire l'hyper activisme et le souci de revalorisation du travail (travailler plus pour gagner plus), avouait à Dakar que la colonisation était une faute très grave, ce mal a occasionné le pillage de l'Afrique.

---

61. KI-ZERBO Joseph, *Op. Cit.*, p. 24.

Mais comment le président Sarkozy peut-il avouer les méfaits de la colonisation et refuser en même temps de faire des repentances ? Lui seul peut donner ses vraies raisons. Mais nous ne comprenons pas que l'on reconnaisse un tort fait à l'autre sans vouloir s'en excuser. Voici l'intégralité du discours qu'il prononça le soir du 26 juillet 2007 à Dakar, la capitale sénégalaise:

« «*Mesdames et Messieurs, Je suis venu vous parler avec la franchise et la sincérité que l'on doit à des amis que l'on aime et que l'on respecte. J'aime l'Afrique, je respecte et j'aime les Africains. Entre le Sénégal et la France, l'histoire a tissé les liens d'une amitié que nul ne peut défaire. Cette amitié est forte et sincère. C'est pour cela que j'ai souhaité adresser, de Dakar, le salut fraternel de la France à l'Afrique tout entière.*

Je veux, ce soir, m'adresser à tous les Africains qui sont si différents les uns des autres, qui n'ont pas la même langue, qui n'ont pas la même religion, qui n'ont pas les mêmes coutumes, qui n'ont pas la même culture, qui n'ont pas la même histoire et qui pourtant se reconnaissent les uns les autres comme des Africains. Là réside le premier mystère de l'Afrique. (…)

Oui, je veux m'adresser à tous les habitants de ce continent meurtri, et, en particulier, aux jeunes, à vous qui vous êtes tant battus les uns contre les autres et souvent tant haïs, qui parfois vous combattez et vous haïssez encore mais qui pourtant vous reconnaissez comme frères, frères dans la souffrance, frères dans l'humiliation, frères dans la révolte, frères dans l'espérance, frères dans le sentiment que vous éprouvez d'une destinée commune (…)

Je ne suis pas venu, jeunes d'Afrique, pour pleurer avec vous sur les malheurs de l'Afrique. Car l'Afrique n'a pas besoin de mes pleurs.

Je ne suis pas venu, jeunes d'Afrique, pour m'apitoyer sur votre sort parce que votre sort est d'abord entre vos mains. Que feriez-vous, fière jeunesse africaine de ma pitié ?

Je ne suis pas venu effacer le passé car le passé ne s'efface pas.

Je ne suis pas venu nier les fautes ni les crimes car il y a eu des fautes et il y a eu des crimes (…)

Je suis venu vous proposer de regarder ensemble, Africains et Français, au-delà de cette déchirure et au-delà de cette souffrance.

Je suis venu vous proposer, jeunes d'Afrique, non d'oublier cette déchirure et cette souffrance qui ne peuvent pas être oubliées, mais de les dépasser.

Je suis venu vous proposer, jeunes d'Afrique, non de ressasser ensemble le passé mais d'en tirer ensemble les leçons afin de regarder ensemble l'avenir (…)

Le drame de l'Afrique, c'est que l'homme africain n'est pas assez entré dans l'histoire. Le paysan africain (…), ne connaît que l'éternel recommencement du temps rythmé par la répétition sans fin des mêmes gestes et des mêmes paroles. Dans cet imaginaire où tout recommence toujours, il n'y a de place ni pour l'aventure humaine, ni pour l'idée de progrès. Dans cet univers où la nature commande tout, l'homme échappe à l'angoisse de l'histoire qui tenaille l'homme moderne mais l'homme reste immobile au milieu d'un ordre immuable où tout semble être écrit d'avance. Jamais l'homme ne s'élance vers l'avenir. Jamais il ne lui vient à l'idée de sortir de la répétition pour s'inventer un destin. Le problème de l'Afrique et permettez à un ami de l'Afrique de le dire, il est là. Le défi de l'Afrique, c'est d'entrer davantage dans l'histoire. C'est de puiser en elle l'énergie, la force, l'envie, la volonté d'écouter et d'épouser sa propre histoire. Le problème de l'Afrique, c'est de cesser de toujours répéter, de toujours ressasser, de se libérer du mythe de l'éternel retour (…) car l'Afrique a le droit au bonheur comme tous les autres continents du monde. (…) Je vous remercie. »[62]

Il ne se reconnaît peut-être pas dans les auteurs du passé, voilà pourquoi les malheurs de l'Afrique ne peuvent l'inquiéter. Ce discours a fait réagir d'imminents africains : Elikia M'bokolo est l'un de ceux qui n'ont pas digéré le discours du présidents français qu'il qualifie de propos les plus habilement injurieux. Il écrit :

> *« Qu'est-ce que, ces « amis de l'Afrique » qui ne semblent trouver de plaisir qu'à en médire ? Hier encore, ces gens-là manifestent suffisamment de prudence ou assez de pudeur - saura-t-on jamais ? Pour se tenir à distance du continent quand ils proféraient des discours iniques sur l'Afrique et les peuples africains. Aujourd'hui, leur audace dépasse toutes les bornes : c'est sur la terre africaine même et à la face des Africains qu'ils viennent brandir, tels des trophées, les propos les plus habilement injurieux pour le continent noir. »*[63]

Quand Elikia M'bokolo évoque la prudence du passé, il se réfère aux propos de Victor Hugo, personnage réputé qui se disait lui aussi l'ami des peuples noirs, que Nicolas Sarkozy aurait dû citer d'ailleurs, lui qui tint un discours sous-estimant qui supprimait à l'Afrique toute possibilité d'avoir une histoire :

> *« Quelle terre que cette Afrique ! L'Asie a son histoire, l'Amérique a son histoire, l'Australie elle-même a son histoire qui date de son commencement dans la mémoire humaine; l'Afrique n'a pas d'histoire ; une sorte de légende vaste et obscure l'enveloppe (...). L'Afrique importe à l'univers; une telle suppression de mouvement et de circulation*

---

62. Discours du président Nicolas SARKOZY à Dakar le 26 Juillet 2007.
63. ELIKIA M'BOKOLO, « Ce que sont ces étranges amis de l'Afrique », in *Petit Précis de remise à niveau sur l'histoire africaine à l'usage du Président Sarkozy*, Paris, La Découverte, 2008, p. 9.

entrave la vie universelle, et la marche humaine ne peut s'accommoder plus longtemps d'un cinquième du globe paralysé (...). Cette Afrique farouche n'a que deux aspects : peuplée, c'est la barbarie, déserte, c'est la sauvagerie, mais elle ne se dérobe plus (...). Au dix-neuvième siècle, le Blanc a fait du Noir un homme ; au vingtième siècle, l'Europe fera de l'Afrique un monde (...). Allez, peuples ! Emparez-vous de cette terre. Prenez-la ! A qui ? A personne. Prenez cette terre à Dieu. Dieu donne la terre aux hommes. Dieu donne l'Afrique à l'Europe. Prenez-la.»[64]

Ce discours relève d'une ethnologie coloniale qui prétend apporter la culture et la civilisation à ceux qui n'en ont pas. L'homme a rendu historique tous les éléments qu'il a touchés. L'écriture n'est pas la seule source d'histoire. Il existe, en Afrique, un patrimoine culturel et historique incommensurable que le reste du monde ne doit balayer d'un revers de la main. La diversité culturelle est un fait non négligeable de l'histoire de l'humanité.

Quelle ressemblance des thèmes avec l'inadmissible « discours de Dakar ! » Tout ce qu'il me donne de retenir, c'est que le combat contre « l'afro pessimisme » ne fait que commencer. Que l'Afrique se relève de ses propres séquelles, ça, nous n'en disconvenons pas ; qu'elle se taille un chemin d'avenir, voilà quelque chose de parfaitement audible, et qui fera objet de nos analyses dans la deuxième partie de ce travail. Mais l'Afrique a besoin d'excuses Monsieur le Président et pas de pitié. Que toutes les nations qui nous ont fait subir cette misère s'en excusent. Avant tout dédommagement, il faut nous présenter des excuses.

Le discours du président Sarkozy a une seule part de vérité : ouvrir l'Afrique aux valeurs modernes, aux aspirations technologiques et scientifiques, bref au développement. Mais si l'Africain n'est pas entré dans l'histoire comme le soutient le président Sarkozy, si le paysan Africain reste depuis l'éternité lié

64. Discours de Victor Hugo prononcé au banquet commémoratif donné à Paris le 18 mai 1879 lors du 31e anniversaire de l'abolition de l'esclavage. Compte rendu par Gaston Gerville-Réache, Brière, Paris, 1879, p. 8.

aux mêmes pratiques et à l'alternance des saisons, ce problème n'est pas qu'anthropologique. Il n'est pas non plus seulement lié aux traditions et coutumes africaines (le président prétend savoir plus et oublie que nos coutumes et traditions ont aussi de la valeur). Le complot, l'exclusion dont l'Afrique a toujours été l'objet a aussi un rôle. L'Afrique est exclue des grandes décisions. Le Fond Monétaire International et la Banque Mondiale lui imposent des mesures d'ajustement structurelles qui ne font qu'accroître l'austérité et la précarité. Le jeune Africain même le plus ambitieux, n'est pas exposé à l'enseignement de valeur. Les laboratoires de qualité se font désirer, les experts désertent. A la Conférence de Berlin l'Afrique était divisée, déboussolée, émiettée. Il nous faut une autre conférence pour lui ouvrir des vraies perspectives de progrès. L'histoire des dominants n'est pas la seule à se faire prévaloir, Monsieur le Président. Les hommes sont différents mais égaux et ça, il convient que toute l'humanité l'entende si l'on ne veut pas créer des clivages entre peuples dominateurs et peuples dominés.

Le 27 juillet 2007 le président Sarkozy, était en visite au Gabon et là il affirmait que l'on ne peut pas tout mettre sur le dos de la colonisation pour justifier l'état déplorable de l'Afrique. Il y a en Afrique des dérives et des régimes rigides ça et là. La corruption, les génocides, les dictatures ne résultent pas de la colonisation. Les Africains ont leur part de responsabilité dans la tragédie actuelle du continent, mais le président ne peut pas balayer d'un revers de main la part de la colonisation dans le malheur de l'Afrique. Nos dictateurs ont tous été des bons élèves, des marionnettes au service des colons. A ma connaissance, le Rwanda s'indigne toujours que la France ait participé au génocide. Le fait que l'Afrique soit en partie responsable de ses maux ne doit pas faire oublier la part de responsabilité des nations colonisatrices.

On peut reprocher ce que l'on veut aux traditions africaines et à certains aspects de sa culture, aux méthodes agricoles. Et d'ailleurs aucune culture, aucune tradition n'est parfaite. Mais on ne peut pas venir en Afrique pour blanchir la colonisation et refuser de faire repentance. Endurer et avaler de tels propos est insupportable pour nous. Par contre, admettre cette faute peut créer pour nous, descendants des colonisés, d'autres espaces d'humanisme et des perspectives de développement et de relance de l'Afrique.

L'Afrique n'a pas d'histoire, justement parce qu'elle a été exclue de la vraie histoire de l'humanité. Par la traite et la colonisation la carte de la pauvreté, de la misère et de l'infantilisation de l'Afrique a vu le jour. Nous souhaiterions avoir des excuses pour décrisper les traumatismes de tout un continent. Aujourd'hui nous n'avons plus les mains liées et les chaînes aux pieds comme au temps de la traite et de la colonisation, mais la conscience noire reste victime de ce passé lourd. Aujourd'hui une majeure partie d'Africains dévaluent tout ce qui est africain pour ne privilégier que ce qui vient de l'Occident. C'est là une des séquelles du passé dont nous délivrerait une repentance juste. On ne peut pas facilement faire fi de ce drame.

> « *Le colonialisme fut loin d'être une fusée d'or. Statue géante devant laquelle, apeurés ou fascinés, les multitudes venaient se prosterner, il dissimulait en réalité un énorme creux. Carcasse de métal sortie de joyaux splendides, il participait par ailleurs de la Bête et du fumier. Lent brasier dispersant partout ses panaches de fumée, il chercha à s'instituer à la fois comme rite et comme événement ; comme parole, geste et sagesse, conte et mythe, meurtre et comme accident. Et c'est en partie à cause de sa redoutable capacité de prolifération et de métamorphose qu'il fit tant trembler le présent de ceux qu'il s'était asservis, s'infiltrant jusque dans leurs songes, remplissant leurs cauchemars les plus affreux, avant de leur arracher d'atroces lamentations. La colonisation quant à elle, ne fut pas qu'une technologie, ni un simple dispositif. Elle ne fut pas qu'ambiguïtés. Elle fut aussi un complexe, un échafaudage de certitudes, les unes plus illusoires que les autres : la puissance du faux.* »[65]

Le colonialisme était une puissance du faux qui a vaincue sans avoir raison. Pour faire le pansement d'une plaie profonde comme la traite, comme la colonisation, il faudrait remuer tous les contours. La

---

65. MBEMBE Achille, *Sortir de la grande nuit : Essai sur l'Afrique colonisée*, Paris, La découverte, 2010-2013, p. 1.

repentance pour moi est un mal nécessaire qui redonnerait confiance aux Africains et rétablirait des liens plus justes avec l'Occident.

Mon pays, le Congo dit Démocratique, regorge de ressources naturelles extraordinaires, son sol et son sous-sol sont très riches. Ce pays est resté pauvre depuis des décennies. Corruption, dictature, guerres, telles sont les raisons souvent évoquées. Devant ce scandale géologique où la pauvreté a élu domicile sur un des pays les plus enviés au monde, on évite d'évoquer la responsabilité du roi des Belges Léopold II qui, après la Conférence de Berlin en 1885, a fait de ce pays sa propriété privée : sol, sous-sol, habitants et tout ce qui se trouvait sur cet Etat lui revenaient de droit. Ce roi a coupé à volonté les mains de mes ancêtres, pillé nos richesses. Dites-moi si ce traitement n'a pas contribué à nous maintenir dans la misère et la frustration, dites-moi si l'heure n'a pas encore sonné pour qu'on nous présente des excuses.

I.4. L'Afrique en société postcoloniale

« Les attributions politiques ne peuvent pas être conçues sans la responsabilité ; et la responsabilité politique des conducteurs du peuple n'est pas concevable aussi longtemps que ce peuple lui-même n'est pas en état de regarder au moins dans les grandes lignes, la conduite de la politique. Les faibles aptitudes du peuple, pris dans son ensemble, sont encore loin de répondre à la mesure dans laquelle, depuis 1922, les compétences politiques sont parties aux Indes. »[66]

Le sens de la responsabilité, voilà ce qui doit caractériser les attributions politiques. Voici la lecture que la Conférence épiscopale congolaise faisait en 1998 de la crise sociopolitique traversée par le pays entre 1956 et 1998 :

«La crise sociopolitique qui frappe notre pays touche l'ensemble de notre peuple. Mais elle est d'abord et avant tout la crise de la classe politique. Or, comme vous pouvez bien le comprendre, il n'y a rien de pire pour un peuple

66. Van WING, *Études Bakongo II. Religion et magie. Mémoires*, Institut Royal Belge, p. 81.

que d'être dirigé par des chefs en crise. C'est pourquoi nous lançons un appel urgent à toute la classe politique zaïroise pour qu'elle se libère des vices qu'elle a érigés en idéal et en projet de société. Selon la tradition africaine, le chef est un modèle. Le progrès chez nous comme ailleurs, dépend des hautes vertus morales et civiques des dirigeants ; leur conversion et l'alternance au pouvoir conditionnent la paix et le bonheur des peuples. Dans le même sens, des chefs dignes de ce nom ne concluent que des contrats d'investissement économique favorables aux intérêts de la Nation. »[67]

On ne peut pas aborder l'Afrique en société postcoloniale sans interroger la responsabilité politique de ses dirigeants et celle du peuple lui-même. La traite est loin derrière nous, la colonisation a pris fin il y a quasiment un demi siècle pour une grande partie des nations africaines. Et pourtant à part quelques timides améliorations par-ci par-là, notre société postcoloniale ne peut dissimuler malgré tout ses apparences d'échecs. Il me semble aujourd'hui aberrant de continuer à accuser le passé sans que l'Afrique ne se remette réellement en question. La responsabilité politique de nos dirigeants et celle du peuple ne fait plus à mon avis l'ombre d'un doute. C'est ce que nous comptons faire ressortir brièvement.

I.4.1. La Responsabilité politique des dirigeants africains.

Je ne sais vraiment pas si les dirigeants africains dans leur ensemble ont pris la mesure du poids de notre histoire, celle qui ne laisse aucune possibilité d'aggravation à une situation déjà déplorable. La fixation dans la misère, la stagnation économique et surtout l'autoritarisme dans l'exercice du pouvoir démontrent à suffisance que nous ne faisons pas mieux pour redorer l'image de l'Afrique. Ce faisant, nous ferons remarquer qu'un écart croissant sépare les pays africains entre eux avec deux pays émergents (l'Afrique du Sud et le Nigéria), des pays en voie de développement

---

67. Conférence épiscopale du Congo, *Le discours sociopolitique de l'Église catholique du Congo (1956-1998) Eglise et Société*, Tome 1, Textes rassemblés et présentés par Léon de Saint Moulin, Facultés Catholiques de Kinshasa, 1998, p. 439.

et des pays stagnant et régressant. Nous inscrivons la responsabilité politique des dirigeants africains dans l'horizon décrit par Achille Mbembe qui tient à démontrer dans son livre *Afriques Indociles* que :

> « *Les pouvoirs postcoloniaux ne peuvent plus prétendre à une quelconque légitimité en gouvernant continuellement à l'aide des mesures d'exception. Ce faisant, je sous-entendais que le défi, aujourd'hui, est de rendre les systèmes politiques africains aptes à utiliser les libertés fondamentales de l'indigène comme un atout, une ressource au service des objectifs qu'ils proclament. J'insistais sur le fait que, au cours des dernières années, ils ont surtout nourri des foyers de désordre, alimenté les causes des injustices et des révoltes, offrant ainsi aux puissances extérieures un prétexte pour limiter les marges d'autonomie déjà précaires des sociétés locales. Il ressortait que, loin de favoriser les processus de production des richesses et d'allègement des peines de l'indigène, le principe autoritaire s'avérait, dans le cas spécifique du continent noir, bloquer ceux-ci. Ce blocage est rendu dramatique par le fait de deux facteurs qui sont, d'une part, la montée en puissance de la société et de son ingéniosité à résister aux prétentions hégémoniques de l'État postcolonial ; et d'autre part le contexte général de pénurie et de disette qui, aggravé par les contraintes internationales, réduit la manœuvre des régimes africains et pose, en termes critiques, le problème du partage du pouvoir et des richesses.* »[68]

La lecture d'Achille Mbembe nous semble bien refléter l'état actuel de la gouvernance du continent par certains dirigeants : peu d'efforts dans la création des richesses et du travail et toujours plus d'astuce dans le renforcement de leur pouvoir autoritaire. Le président des États-Unis d'Amérique, Barack Obama, lors de son premier voyage officiel en tant que président, a prononcé un important discours pour l'émancipation du continent africain le 11 juillet 2009 au Ghana. Ses propos pleins d'optimisme devaient

---

68. MBEMBE Achille, *Afriques indociles. Christianisme, pouvoir et Etat en société postcoloniale*, Paris, Karthala, 1988, p. 154.

inviter les dirigeants africains à prendre en main les rênes politiques et économiques, afin de sortir le continent des crises à répétitions. Nous devons commencer par ce postulat simple disait Obama à Accra:

> « l'avenir de l'Afrique appartient aux Africains eux-mêmes», poursuivant que l'Afrique «n'est pas à l'écart des affaires du monde» et n'a «pas besoin d'hommes forts, mais d'institutions solides. »[69]

Un discours qui semble être tombé dans des oreilles de sourds. Nous sommes en 2014 et plusieurs présidents africains, entre autres ceux du Burkina Faso, du Burundi et des deux Congo, pensent à faire sauter le verrou constitutionnel de limitation de mandat pour se représenter. Le partage du pouvoir est une vraie pomme de discorde. Ces petits arrangements constitutionnels minent l'alternance.

Voici un panel de dirigeants arrivés au pouvoir soit à la suite d'un coup d'État, soit grâce à une mascarade d'élection dite démocratique, et qui s'y sont maintenus plus de 20 ans : Teodoro Obiang Nguema Mbasogo de la Guinée équatoriale, 35 ans au pouvoir depuis le 03 août 1979 ; José Edouardo Dos Santos de l'Angola, 35 ans au pouvoir depuis le 10 septembre 1979 ; Paul Biya du Cameroun, 32 ans au pouvoir depuis le 06 Novembre 1982 ; Yoweri Museveni de l'Ouganda, 28 ans au pouvoir depuis janvier 1986 ; Robert Mugabe du Zimbabwe, 27 ans au pouvoir depuis le 31 décembre 1987 (il est le plus âgé des chefs d'État d'Afrique encore en exercice) ; Idriss Deby Itno du Tchad, 24 ans au pouvoir depuis le 02 décembre 1990 ; Blaise Compaoré du Burkina Faso, 27 ans au pouvoir depuis le 15 octobre 1987 (il vient d'être chassé par une insurrection populaire) ; Omar El-Béchir du Soudan, 25 ans au pouvoir depuis 1989 ; Issayas Afeworki de l'Érythrée, 21 ans au pouvoir depuis mai 1993, un régime sans élection présidentielle ni liberté de presse.

Ces accrocs du pouvoir ont des prédécesseurs morts accrochés au pouvoir dans cette Afrique postcoloniale : Félix Houphouët Boigny de la Côte d'Ivoire resté au pouvoir depuis l'indépendance

---

69. Discours du président Barack Obama le 11 Juillet 2009 à Accra au Ghana.

de son pays jusqu'à sa mort en 1993 à l'âge de 88 ans, Joseph Désiré Mobutu Sese Seko Kuku Ngbendu Waza Banga du Zaïre, au pouvoir de 1965 à 1997, Gnassingbé Éyadéma du Togo au pouvoir de 1967 à sa mort en 2005, El Hadj Omar Bongo Ondimba du Gabon au pouvoir de 1967 à sa mort en 2009 soit un règne long de 42 ans. Les deux derniers ont eu pour successeurs leurs propres enfants.

Comment mettre en place des institutions solides si certains dirigeants se croient indispensables ? Comment créer des richesses si ces hommes qui comptent parmi les plus fortunés du continent ont déposé la moitié de leurs biens à l'étranger ? L'état actuel de la société postcoloniale est globalement celui d'une faillite non accidentelle mais orchestrée par une classe dirigeante irresponsable vivant aux dépens du petit peuple qui se débat au jour le jour pour survivre malgré tout. L'Afrique pointe au sommet comme le continent le moins pourvu en services et infrastructures.

I.4.2. La responsabilité du peuple

Le peuple africain est arrivé au comble de son endurance difficilement descriptible. C'est le sentiment de ne pouvoir compter sur personne pour voir s'améliorer cette situation. Un continent abandonné à l'initiative personnelle et/ou à l'assistance internationale. La responsabilité du peuple c'est d'avoir laissé faire. Les différents aspects de la tragédie africaine doivent être examinés à la lumière d'une prise de conscience globale. La tendance actuelle est plutôt celle de l'exil et de la fuite en avant à défaut d'avoir pu nous frayer un chemin propre à nos besoins et à notre rythme. Si rien n'est fait pour inverser cette courbe, alors le complexe d'infériorité, l'agenouillement et le désespoir ne nous quitteront pas de si tôt. La fuite de la jeunesse par l'immigration clandestine et celle des cerveaux est un désaveu du continent par ses forces vives qui prennent le pari d'aller chercher une vie meilleure en Occident.

Il est vrai que les conditions de travail sont difficiles, il y a un réel déficit en équipements dans les laboratoires et bibliothèques. Pour ceux qui ont un travail, les salaires sont trop bas pour permettre un niveau de vie adéquat. La fuite des jeunes et celle des cerveaux n'est pas la cause, mais la conséquence de quelque chose : les frustrations politiques, surtout les difficultés que les Africains éprouvent par rapport à l'expression des droits dans leurs propres pays. L'immigration clandestine et la fuite des cerveaux, même si elles peuvent sembler bénéfiques pour ceux qui partent ont un impact négatif sur le développement et constituent une perte pour l'ensemble de la société.

L'abandon du navire africain entre les mains des capitaines inconscients qui le conduisent au naufrage, voilà la responsabilité de ceux qui partent. A défaut de lutter pour changer l'Afrique du dedans, ils optent pour changer de monde. Ne soyons pas si pessimistes que ça. Tous ceux qui partent n'ont pas toujours le bonheur qu'ils recherchent. Tout départ ne doit pas non plus être associé à une fuite, la mobilité est une question globale. Notre discours ne doit pas être vu comme suicidaire. Il a pour but de renvoyer chacun à sa propre conscience. L'Afrique a besoin de ne pas continuellement pleurnicher sur son passé, mais d'envisager clairement de prendre le vrai virage vers les révolutions politiques et les secousses sociales qui mettent l'intérêt des peuples au cœur de toute vision du monde. Nous avons parlé de nos misères il est temps que nous abordions ce qui semble être pour nous des pistes d'espérance.

II. NOS ESPOIRS

Personne ne peut développer l'Afrique mieux que nous-mêmes. Par ces lignes, nous voudrions rêver de l'Afrique telle que nous aurions souhaité qu'elle soit, telle qu'elle aurait pu être n'eussent été les vicissitudes de son histoire.

II.1. Lutter contre la mise sous-tutelle du sujet au profit du groupe

Un défi à relever c'est de faire de la production scientifique une priorité. Pour y arriver, la formation est vraiment le meilleur investissement, et pourtant notre société africaine en voie de développement place parfois encore l'individu sous tutelle des tabous et d'une hiérarchie traditionnellement pesante. Un tel système n'a pas toujours permis à l'individu d'affirmer sa dignité ni de dessiner librement sa destinée. Il y a une forme de tension entre le besoin d'avancer vers plus d'autonomie et la place toujours forte que tient l'hétéronomie dans les mentalités.

Comme nous allons le voir au point suivant, histoire de nous transposer dans le monde des autres, l'une des grandes inventions du siècle des Lumières en Occident, c'est d'avoir donné à chaque individu sa place au sein de la société. Sur ce point, l'Afrique a du chemin à faire. Les obstacles culturels à franchir sont certes gigantesques, mais pas insurmontables. La question qui se pose ici c'est de savoir comment réaliser une transformation sociale profonde et une vraie amélioration du niveau de vie sur le modèle occidental quand on sait, et nous nous accordons avec Barthélemy Adoukonou, que l'individu n'existe que par rapport à son groupe :

> « Dans la conception africaine de l'homme, la personne humaine est une propriété inaliénable du groupe, c'est pour cela que le défunt doit retourner sur la terre où son cordon ombilical a été enterré ; le lieu de la naissance doit être aussi le lieu où l'on disparaît du « pays de la vie. »[70]

---

70. ADOUKONOU Barthélemy, *Jalons pour une théologie africaine. Essai d'une herméneutique chrétienne du Vodun dahoméen*, Tome II : étude ethnologique, Paris Éditions Lethielleux, Namur culture et vérité, 1980, p. 44.

Tout en gardant nos valeurs traditionnelles telles que la solidarité et le respect des anciens, il nous semble évident de nier d'emblée toutes les adhésions sociales qui entravent l'épanouissement de la raison et de la personnalité humaine et qui empêchent l'individu de s'exposer aux réalités nouvelles. Nous voudrions non pas devenir avocat de la déconstruction du communautarisme mais faire, à travers ce texte, un plaidoyer pour une éducation où l'individualisme, au sens de la valorisation de chaque être comme sujet à la fois autonome et relationnel, serait pris en compte. Une éducation qui renverrait au respect des règles nécessaires au travail individuel et collectif. Une éducation qui viserait le respect et le renforcement des droits et libertés fondamentales de chaque individu. Ceci présuppose l'établissement de normes appliquées et respectées par tous. Pour Alain Touraine, la reconstruction de l'identité personnelle ne passe pas par l'identification à un ordre global, mais par la reconnaissance de chaque individu.

> « *Les nouveaux mouvements culturels refusent toute identification à une catégorie sociale ; ils en appellent au sujet lui-même, à sa dignité ou à son estime de soi comme force de combinaison de rôles instrumentaux et d'une individualité. Ce qui suppose la reconnaissance de la spécificité psychologique et culturelle de chacun et de sa capacité de création, fondée sur la raison ou sur une affirmation encore plus directe de la créativité.* »[71]

Nous visons une restructuration de l'ordre social qui est essentiellement marqué par des injustices, des marginalisations et des aliénations dans cette société où l'individu est opprimé et où le malaise et la léthargie ne font que se généraliser. Nous voudrions nous insurger contre une forme de statu quo qui ne dit pas son nom : depuis les ancêtres on a toujours procédé ainsi, il ne faut pas révolutionner nos manières .Gardons ce qui nous libère mais faisons évoluer les aspects de notre vie qui depuis des années nous ont donné des résultats plutôt décevants. Voyons du côté de l'éducation et osons mettre l'individu au centre. C'est toujours la communauté qui détermine la place de l'individu, essayons de permettre à celui-

71. TOURAINE Alain, *Pourrons-nous vivre ensemble ? Égaux et différents*, Paris, Fayard, 1997, p. 135.

ci d'établir désormais par choix personnel et réfléchi sa place dans la communauté.

II.2. Nous remettre en question comme au siècle des Lumières en Occident

L'imaginaire de l'Afrique est confronté à des défis variés. On peut citer le retard qu'accuse le continent par rapport à l'usage de l'outil informatique (culture naissante), la prolifération des sectes, la pauvreté, l'instabilité politique, la désorientation sociale et bien d'autres. L'un des défis souvent ignorés, mais qui nous semble pertinent à aborder ici, c'est l'effacement du sujet. Dans bien des situations l'individu vit dans l'anonymat, perdu dans le ressort communautaire clanique, tribal ou ethnique. Comment poursuivre l'effort de développement lorsque l'on est confronté à des défis pareils ? Devant ce panorama négatif pour bien des régions d'Afrique, comment-est-il possible de demeurer optimiste et d'affirmer avec force que ces difficultés sont surmontables ?

Pour relever ces défis, il nous semble important de nous remettre en question, de modifier le visage de notre anthropologie, de rendre neuve notre humanité. Cette remise en question bouleverserait peut être notre champ sociologique et réorienterait la conduite de nos actions à venir.

C'est dans la mesure où nous pouvons bouleverser notre anthropologie en mettant le sujet au centre et en le responsabilisant face à ses actes que notre révolution deviendra effective. Mettre l'individu au centre n'est pas à confondre avec la perte de nos valeurs communautaires comme celle d'entraide et autres, c'est simplement interroger la raison, le bon sens de chacun et lui permettre de s'exprimer. Voici quelques pistes héritées du siècle des Lumières que nous comptons explorer pour permettre à l'Afrique de faire aussi école.

Une Afrique qui ferait école

C'est souvent avec désolation que nous constatons l'absence de la contribution africaine dans plusieurs domaines au sein du concert des nations. Il faudrait que l'Afrique affirme son identité, qu'elle apporte un plus aux autres. « Nul n'est assez pauvre pour n'avoir rien à donner, nul n'est assez riche pour n'avoir rien à recevoir, dit un proverbe populaire ». Dans tous les domaines scientifiques, il faut non seulement une recherche approfondie, mais aussi de la production. Nous avons besoin de penseurs classiques qui feraient école pour le reste de l'humanité. Depuis les présocratiques, en passant par le siècle des Lumières, l'Occident a toujours produit des penseurs qui ont éclairé la réflexion de l'humanité. Socrate, Aristote, Platon, Thomas D'Aquin, Kant, Einstein, Newton, Descartes, Paul Ricœur, Karl Rahner, pour ne citer que ceux-là, continuent à faire entendre leur écho dans les débats et conférences scientifiques.

L'Afrique traîne encore ses pas pour faire école. Un clin d'œil sur ce qui s'est fait ailleurs peut nous inspirer. Sans avoir la prétention de reproduire ici de façon exhaustive l'héritage du siècle des Lumières, nous voudrions brièvement relever une époque, qui dans ses mérites, mais aussi dans ses apogées a bouleversé le mode de vie et de pensée de l'Occident. Si l'Église catholique d'Afrique revendique sa spécificité dans la représentation de la même foi en Dieu que le reste du monde par exemple, il est utile que les théologiens africains s'attellent à faire ressortir la plausibilité et les particularités de celle-ci[72].

---

72. Nous saluons ici des travaux des précurseurs africains : Jean-Marc ELA, *Le cri de l'homme africain. Questions aux chrétiens et aux Églises d'Afrique*, Paris, L'Harmattan, 1993, 173 p. Du même auteur : *Ma foi d'Africain*, Paris, Karthala, 1985, 224 p. « La relève missionnaire en Afrique », dans *B.T.A*, vol. 7, n°1314, Janvier-déc., 1985. Lire aussi Barthélemy ADOUKONOU, *Jalons pour une théologie africaine. Essai d'une herméneutique chrétienne du Vodun dahoméen*, Tome II, Paris Les Éditions Lethielleux, Namur, Culture et vérité, 1980. Voir Léonard Santedi Kinkupu, *Les défis de l'Évangélisation dans l'Afrique contemporaine*, Paris Éditions Karthala, 2005. Du même auteur : *La mission du prêtre dans l'œuvre de la promotion humaine*, Kinshasa, Éditions du Séminaire Jean XXIII, 1995 ; *Dogme et inculturation en Afrique. Perspective d'une théologie de l'invention*, Paris, Karthala, 2003, 203 p.

II.2.1. Le mérite du siècle des Lumières

L'histoire pourrait bien nous orienter. Nous prendrons pour modèle l'époque des Lumières qui a établi, selon nous, l'individu dans ses droits et dans sa dignité. Ce système nous fascine parce qu'il a trouvé le juste équilibre entre l'individualisme et le sociétal. Il a produit de grands penseurs comme Emmanuel Kant. Sans entrer dans les détails, nous voulons assumer en partie l'héritage de ce dernier qui consiste surtout à libérer les peuples des barrières de l'ignorance. L'époque des Lumières marque de façon non négligeable le point de départ du développement de l'Occident.

Au lieu de donner crédit à la superstition et d'encourager l'ignorance et la dépendance, les Lumières croient à la capacité de changer le monde par la raison. C'est le siècle de l'émancipation des esprits et des corps. Kant est incontestablement le philosophe qui donne une vraie réponse à notre quête de sens des Lumières à travers la formulation que nous reprenons ci-dessous :

> *« Les Lumières, c'est pour l'homme sortir d'une minorité qui n'est imputable qu'à lui. La minorité, c'est l'incapacité de se servir de son entendement sans la tutelle d'un autre. C'est à lui seul qu'est imputable cette minorité, dès lors qu'elle ne procède pas du manque d'entendement, mais du manque de résolution et de courage nécessaires pour se servir de son entendement sans la tutelle d'autrui. Sapere aude. Aie le courage de te servir de ton propre entendement : telle est donc la devise des Lumières. »*[73]

Le sujet critique s'introduit dans une civilisation où l'univers juridique et le sens du devoir s'imposent à lui. La conception de son rapport avec le monde passe par le respect de la loi. Dans une telle démarche, l'initiative personnelle est mise en valeur, elle reste tout de même structurée par la loi qui est censée garantir la coexistence à travers le respect de la liberté et de la dignité de chacun.

---

73. KANT Emmanuel, *Réponse à la question : Qu'est ce que les lumières ?*, traduit de l'allemand par Jean Mondot, Presses universitaires de Bordeaux, 2007, p. 79.

Pour orienter l'action dans le bon sens, c'est-à-dire celui du bien, Kant dirait que la nature a complété la volonté par la raison. La raison guide l'agir. C'est elle qui discerne ce qu'il faut faire ou ne pas faire, qui se donne les devises d'action, les maximes, selon les lois que le sujet reconnaît comme bonnes et justes. Son agir a une valeur morale, s'il obéit à la loi, et s'il le fait, il agit par devoir. Un devoir est un agir par respect de la loi. Moral est l'agir par devoir, mais par un devoir assumé librement. Pour cela, il faut que la volonté humaine se laisse diriger par la raison.

La raison obtient au siècle des Lumières, un statut simplement autonome. On peut s'en apercevoir dans la philosophie des Lumières d'Ernest Cassirer, citée par Michael Foessel :

> « *La « raison » est le point de rencontre et le centre d'expansion du siècle, l'expression de tous ses désirs, de tous ses efforts, de son vouloir et de ses réalisations.* »[74]

Les Lumières soutiennent qu'il faut combattre les obstacles pour que l'homme vive et s'épanouisse pleinement. L'ignorance, la superstition, l'intolérance sont des obstacles que seul un homme éclairé par la raison peut relever.

II.2.2 Les apories du siècle des Lumières

Fasciné par les Lumières, nous le sommes, mais nous n'adhérons pas sans réserve à son impérialisme faisant de la raison le seul credo de l'humain. Nous émettons des doutes au fait que certains de ces penseurs réduisent tous les désirs et toutes les aspirations de l'homme au seul vouloir et pouvoir de la raison. Ceci est une forme de limitation de liberté et une contradiction par rapport à la visée même des Lumières.

Tout ramener à la raison est une radicalisation dangereuse et d'ailleurs les controverses ne se sont pas fait attendre. Même si nous adhérons à la place prépondérante que les Lumières accordent à l'autonomie et au sujet, nous ne pouvons taire ses aspects néfastes que nous récusons. Nous reconnaissons à Kant d'avoir eu le

---

74. FOESSEL Michaël, « Refaire les Lumières ? », in *Esprit*, n°357, Août-Septembre 2009, p. 151-160.

mérite de proposer à l'homme une voie noble pouvant le tirer hors de l'état de minorité auquel il s'est délibérément laissé aller, celle de la rationalité. Néanmoins nous ne comprenons pas qu'il puisse soutenir de façon fondamentale l'inclination totale de l'homme à la seule raison. Sur le plan moral cette position nous paraît inacceptable. N'obéir qu'à la raison peut conduire à faire d'elle le bien par excellence alors que nous savons combien parfois celle-ci est limitée, donc capable de se tromper et d'induire à l'erreur et au mal.

> « *Les Lumières sont meurtrières par elles-mêmes parce que, postulant que seul ce qui a subi l'examen de la raison a le droit de subsister, elles se réduisent à la critique des préjugés, lesquels pourtant sont constitutifs de l'esprit humain.*»[75]

Réduire l'homme à sa seule rationalité est une forme de fondamentalisme exclusif qui ne sert qu'à la réduction de toute liberté individuelle que les Lumières ont pourtant promue.

Il nous semble utile d'évoquer, pour illustrer notre propos, le type de rapport conflictuel qui existait entre d'un côté les Lumières et de l'autre les monothéismes. L'intérêt sera mis ici sur la controverse Lumières/christianisme.

> « *La relation entre les Lumières et les monothéismes est polémique, malgré les nuances suivant les traditions nationales et les confessions.*»[76]

Un différend entre Lumières et religions est né autour de l'opposition foi/raison. Les Lumières voulaient mettre fin à l'emprise du cléricalisme sur la raison. Elles cherchaient à libérer l'homme d'un certain type de croyance totalitaire qui mettait la raison sous tutelle. Pour que les religions ne puissent pas imposer de fait leur hégémonie sur les fidèles, voire sur l'État lui-même, les Lumières sont parfois allées jusqu'à prôner l'exclusion du théologien. Le

---

75. BRAHAMI Frédéric, « L'empire divin des préjugés. Joseph de Maistre contre l'esprit éclairé », in *Esprit*, n°357, Août-Septembre 2009, p. 136-149.

76. SCHLEGEL Jean-Louis, « Les religions avec, après ou contre les Lumières ? », in *Esprit*, n°357, Août-Septembre 2009, p. 189-212.

champ de la croyance subissait là une rupture totale. La position radicale des Lumières consistait-elle à faire table rase de l'emprise de la religion pour, à partir d'un nouvel esprit et de nouvelles méthodes, reconstruire un concept de Dieu ?

> « *Aux racines des Lumières et de la modernité, il y a donc une profonde revendication de la liberté de conscience et une véritable guerre de libération contre une domination théologico-politique dont certains penseurs, les plus radicaux, vont tirer toutes les conséquences de rupture historique et mentale dans les domaines de la métaphysique, de l'éthique, de la religion et de la politique.* »[77]

Les Lumières s'éloignent de la croyance « aveugle » en Dieu, elles veulent simplement imposer l'idée maîtresse selon laquelle l'expression de tous les désirs humains passe par la raison. L'esprit humain ne conçoit mieux que ce qu'il engendre par ses propres moyens. Dans le rapport foi/raison, les Lumières tentent d'éliminer la superstition et l'irrationnel dans la croyance. On peut trouver un avantage et un désavantage dans cette radicalisation de la foi.

Avantage de la réduction de la foi à la raison.

La force d'une telle démarche réside dans le fait que le fidèle se dote des arguments solides pouvant justifier sa foi, il n'est pas dupe et ne se laisse pas manipuler par les clercs ni par la religion. On croit par conviction et on peut justifier rationnellement et sans naïveté la raison de sa foi. Sur cette question religieuse du statut de la croyance, Jean-Marc Ferry soutient que l'esprit des Lumières se module sur le dialogue foi et raison, dialogue qu'il trouve bénéfique pour la religion elle-même :

> « *On peut voir un avantage pour la religion elle-même en raison des attentes que constituent les demandes profanes d'explication. Cela oblige les religions à tester pour elles-mêmes leurs propres convictions…En entrant dans l'espace public, le discours des clercs se soumet à la discipline faillibiliste commune. Il rompt avec le style de la connivence pour affronter les exigences de la critique. S'il*

77. BOVE Laurent, « Lumières « radicales » ou « modérées » : une lecture à partir de Spinoza », in *Esprit*, n°357, Août-Septembre 2009, p. 125-135.

est vrai que nos espaces publics politiques ont maintenant besoin des lumières de la religion, c'est, réciproquement en intériorisant la dimension critique que la religion pourrait recharger son capital d'expérience et réactiver son potentiel herméneutique. »[78]

La foi a besoin de conviction. Le croyant ne doit pas perdre son esprit critique pour suivre aveuglement toute forme de religion supposée révélée. Par l'exigence de la critique, les Lumières font introduire une mutation profonde, celle de rompre avec l'ignorance et la superstition. Pour croire, il faut en avoir la conviction et les raisons profondes.

Tout en étant opposé aux Lumières, dont Timothy Radcliffe, père dominicain anglais pointe quelques dérives, entre autres ses catégories aliénantes (l'individualisme cartésien) et sa culture de contrôle, ne rejette pourtant pas en bloc l'héritage des Lumières. Pour lui, l'Église devrait s'en inspirer pour se remettre en question, se renouveler et se mettre en interaction vitale avec le monde qui l'entoure. Au lieu d'être une culture de contrôle, l'Église devrait être une oasis de liberté du Christ :

> *« Si l'Église veut développer une relation saine élaborée avec la société, sans se retrancher dans un ghetto ni se perdre dans les limbes de l'assimilation, alors il nous faut une culture catholique dynamique. Cela veut dire des universités et des facultés dans lesquelles nous pouvons, en confiance, explorer notre foi, poser des questions difficiles, tester de nouvelles idées, jouer avec ces idées... Je m'attends à un renouveau massif de la vie religieuse très prochainement, y compris en Occident. »*[79]

Les Lumières ont été à la base de l'émergence d'un monde nouveau. Elles ont été une période extrêmement bénéfique dans l'histoire de l'humanité. L'homme sait désormais que se remettre en

---

78. FERRY Jean-Marc, « Les Lumières : un projet contemporain ? », in *Esprit*, n°357, Août-Septembre 2009, p. 161-169.

79. RADCLIFFE Timothy, o.p. « Quelle forme pour l'Église de demain ? », in *La Documentation Catholique*, n°2432, du 18/10/2009.

question n'est pas seulement une évidence, mais aussi une nécessité. C'est une nécessité pour l'Afrique.

Limites de la réduction de la foi à la raison

De quelle raison parlent les Lumières ? Peut-on exclure Dieu maître et créateur de toute chose de la raison humaine ? La raison peut –elle tout expliquer ? Le danger inhérent à la réduction de la foi à la raison par les Lumières, c'est de vouloir éloigner Dieu (inspirateur de toute rationalité) et de ne parler que du caractère humain de la raison. La justification rationnelle, le modèle cartésien n'est pas le seul capable d'expliquer tous les phénomènes de la nature ni toutes les situations d'une vie humaine. :

> « *Les Lumières, en effet, ce n'est pas seulement la confiance à l'égard des réalisations de la raison, c'est d'abord la conscience du caractère humain de cette raison. Le privilège accordé à l'analyse, le refus (commun à Newton et Voltaire) des hypothèses invérifiables, le primat de l'expérimentation et l'abandon de l'espoir de soulever le « voile d'Isis » qui cache l'essence des choses : autant de caractéristiques qui marquent l'affinité des Lumières avec le concept de finitude.* »[80]

L'exclusion de Dieu et la fixation sur l'homme et sur sa raison sont des éléments de la mentalité des Lumières dont nous devons nous libérer. La foi du croyant ne peut pas se reposer seulement sur des déductions logiques et rigoureuses de la raison. Elle prend appui dans l'abandon et la confiance totale que l'on fait à Dieu. La marche vers l'inconnu fait partie de la foi. Nous sommes passés par ce détour à travers les Lumières pour retrouver la place de l'autonomie dans la vie de l'homme.

Dans la société actuelle où la connaissance devient toujours plus spécialisée et sectorielle, il apparaît encore davantage nécessaire que les décideurs africains investissent dans l'humain dans le but d'offrir une précieuse contribution aux aspirations de notre société. Nous vivons une ère de changements profonds et rapides. Une vision spécifique de l'univers africain s'impose de toute urgence pour redonner espoir aux peuples engloutis dans la boue de la misère.

---

80. FOESSEL Michael , *Op. Cit.*, p. 151-160.

II.3 La déconstruction du discours unilatéral sur le développement.

Il s'agit ici de travailler à une vraie transmission de pouvoir entre les décideurs et concepteurs des projets de développement et les bénéficiaires qui sont les pauvres des pays du tiers-monde en général et ceux de l'Afrique en particulier. L'implication, la participation des bénéficiaires est pour nous une clé indispensable au développement du continent africain.

Nous abordons la question de la participation dans les démarches de développement dans les pays du Sud comme un motif d'espoir. Cette question est vraiment capitale car elle met en adéquation les besoins des populations ciblées, les acteurs et les différents projets de développement. La participation est vraiment un concept clé, car personne ne peut développer un milieu donné mieux que les populations concernées. C'est une approche alternative de la culture qui fait appel à la collaboration, à l'estime, à l'appropriation et à la confiance. Notons aussi que le manque de participation a été à la base des échecs dans beaucoup de projets de développement imaginés en haut lieu, c'est-à-dire par les experts qui ne se donnent pas la peine de prendre en compte les contingences du terrain.

Les questions qui nous préoccupent sont de mettre en évidence (à tous les niveaux) le degré de participation entre les différents acteurs depuis la conception jusqu'à la réalisation et l'évaluation d'un projet de développement. Qui sont les acteurs qui entrent en jeu dans une telle chaîne ? Nous ressentons le besoin de tracer un petit cadre historique afin de faire ressortir quelques mots clés et situer notre travail.

Nous sommes à la fin des années 1990 : dans les pays du sud, la pression de la société civile se fait sentir et permet l'acceptation des normes humanitaires. (Mary Kaldor, Global Civil Society, 2003: 132). La famine, les maladies, la perte des vies humaines, la pauvreté extrême c'est la bataille en face de nous et l'histoire (la préface de Bono du livre de Sachs, *The end of Poverty*, 2004, XV) c'est la décennie pendant laquelle de nombreux combats et luttes pour la justice sociale laissent la place à une politique sociale que les états doivent mener, celle qui s'occupe des besoins des populations surtout les plus défavorisées.

* Pauvreté, société civile et aide internationale

La revue *The Independent* du 10 septembre 2003 invite les décideurs à s'attaquer à la question des inégalités dans le monde: deux milliards sept cent mille habitants de la planète sur les six milliards vivent avec moins de deux dollars par jour. Les gouvernements soutirent au peuple plus qu'ils ne lui donnent.

L'agenda du millénaire commencé en 2000 pour le développement et l'éradication de la pauvreté dans le monde tergiverse. Les objectifs fixés visaient entre autres à réduire de moitié, entre 1990 et 2015, le nombre d'individus vivant avec moins d'un dollar par jour, à réduire l'extrême pauvreté et la faim. Nous constatons qu'à un an de la date butoir ces objectifs sont loin d'être atteints. Tous les objectifs fixés que nous reproduisons dans les lignes qui suivent nécessiteront encore plus d'argent et de volonté politique pour être atteints.

1. Réduire l'extrême pauvreté et la faim.
2. Assurer l'éducation primaire pour tous.
3. Promouvoir l'égalité et l'autonomisation des femmes.
4. Réduire la mortalité infantile.
5. Améliorer la santé maternelle.
6. Combattre les maladies
7. Assurer un environnement humain durable.
8. Mettre en place un partenariat mondial pour le développement.

Il faut changer les conditions de vie des peuples là où ils se trouvent au lieu d'en faire des objets de la charité de l'Occident. La pauvreté extrême est une affaire régionale avec 93% des pauvres du monde habitant l'Afrique et l'Asie. Le reste se situe en Amérique latine et en Europe de l'est. Kothari et Minogue (2002) pensent que le concept de développement serait plus performant s'il dévoilait son propre secret, c'est-à-dire ce que l'on entend par développement car ce terme est ambigu. C'est une question de relation des forces pas une simple rhétorique avec des labels populistes en vogue : société civile, réduction de la pauvreté, participation. Ils reconnaissent tout de même que certaines ONG (Organisations Non Gouvernementales) menées par la société civile globale sont actives dans des communautés locales et font bouger les marges.

La société civile et les ONG entre 1990 et 2000

La société civile et les ONG se sont, dans un premier temps, concentrées sur des activités caritatives dans les pays du Sud. Dans un deuxième temps, elles se sont orientées vers le développement. Dans un troisième temps elles ont pris un rôle de catalyseur pour que le peuple devienne le centre du développement sur le plan local. Dans un quatrième temps la société civile globale s'est alignée avec les nouveaux mouvements sociaux par exemple les environnementalistes, les droits humains et les mouvements féministes (Korten 1997).

Nos mots clés vont donc être : la participation, le projet de développement, la pauvreté et les acteurs. Au cœur de notre essai, notre objectif est de trouver le centre de redistribution voire de transmission du pouvoir entre les mains des concepteurs des projets vers celles des bénéficiaires.

Notre méthodologie consistera à une analyse des textes afin de pouvoir aborder diagonalement les enjeux et pratiques de développement à mettre en exergue pour les pays du Sud.

- Jean-Pierre Olivier de Sardan, « Les trois approches en anthropologie du développement », *Tiers-Monde*, 2001, tome 42, n°168. pp. 729-754.

- Leroy MAYA (2005), *Méthodes participatives dans le cadre des rapports nord-sud. Une revue critique de la littérature.*

- Marilou MATHIEU, « Ballade d'un expert anthropologue sur les traces de la MARP », in *Les enquêtes participatives en débat. Ambition, pratiques et enjeux*, Paris, Gret, Karthala, Icra, 2000.

- Stéphane de Tapia, *Système migratoire euro-méditerranéen. Effets des transferts financiers dans le pays d'origine*, Strasbourg, Édition du Conseil de l'Europe.

- Sylvie BRUNEL, *L'Afrique*, Rosny-sous-Bois, Éditions Bréal, 2004,239p.

Nous définissons comme plan d'étape les trois approches proposées par Jean Pierre Olivier de Sardan que nous analyserons en parallèle avec les autres textes : 1. Un autre discours sur le développement, 2. L'approche populiste, 3. L'enchevêtrement des logiques sociales et l'hétérogénéité des acteurs.

Un autre discours sur le développement.

La question du développement doit être traitée le plus objectivement possible. Qu'est ce qui fait le développement ? Faut-il faire des choix économiques aux conséquences désastreuses pour les peuples ? Ces choix ont souvent été faits par des experts étrangers sans lien direct avec la population concernée. Le décalage est souvent très grand entre le discours des développeurs et les pratiques sociales sur le terrain. L'expert doit jouer le rôle de facilitateur, celui qui aide à ce que le projet aboutisse. Il ne doit pas être le seul décideur.

Jean Pierre Olivier de Sardan part d'une posture anthropologique qui suppose la clarification du concept de développement. Celui-ci ne peut pas se décliner sans prendre en compte toutes les formes d'interactions et toute la complexité des pratiques sociales qui vont avec. Il conçoit le développement en lien étroit avec l'anthropologie :

> *« Le développement n'est en effet pour nous rien d'autre que l'ensemble des actions de tous ordres qui se réclament de lui, de près ou de loin (du côté des « développeurs» comme des «développés »), en la diversité de leurs acceptions, significations et pratiques. L'existence d'une « configuration développementiste»1, ensemble complexe d'institutions, de flux et d'acteurs, pour qui le développement constitue une ressource, un métier, un marché, un enjeu, ou une stratégie,*

suffit à légitimer l'existence d'une socio-anthropologie2 qui prenne le développement comme objet d'étude ou comme entrée. »[81]

Cette vision anthropologique du développement met en valeur la coexistence de plusieurs facteurs et de plusieurs acteurs dans toute pratique de développement. C'est une approche qui a le mérite de déconstruire l'hégémonie du seul discours du développeur qui venait en sauveur des pauvres. Pour nous qui venons d'un pays dit du sud, la République Démocratique du Congo en Afrique, depuis les indépendances de nos pays c'est-à-dire autour des années 1960 (pour une grande partie de nos pays) à nos jours, un seul mot revient dans tous les débats : « le développement ». Que cherche-t-on exactement ? Et plus on cherche, plus le sous-développement progresse avec des conséquences sociales très désastreuses : la paupérisation, le chômage de masse, la montée de la malnutrition, la réapparition d'endémies qu'on croyait jugulées : trypanosomiase, fièvre typhoïde, choléra et toutes les maladies opportunistes associées au sida.

On parle du développement depuis plus de la moitié d'un siècle, mais les sociétés africaines basculent dans la débrouillardise et le chacun pour soi. Que cherche-t-on que le développement n'a pas permis de trouver ? Pour développer il faut à tout prix impulser la responsabilisation des bénéficiaires, l'auto-appropriation du concept de développement. L'œil de l'anthropologue sert à préciser ce qui est recherché de part et d'autre :

> « *l'anthropologue doit souvent risquer le conflit pour accéder à des informations variées lui permettant de mettre en perspective une information précise.* »[82]

---

81. Jean-Pierre Olivier de Sardan, « Les trois approches en anthropologie du développement », in *Tiers-Monde*, 2001, Tome 42, n°168, p. 731.

82. MATHIEU Marilou, « Ballade d'un expert anthropologue sur les traces de la MARP», in *Les enquêtes participatives en débat : ambition, pratiques et enjeux*, Paris, Karthala, 2000, p.344.

En Afrique tout comme dans les autres pays du Sud, il faut une vraie prise en compte de la dimension sociale et culturelle avant de pouvoir parler de développement. La complexité du concept se traduit même dans les actions que les émigrés tentent d'entreprendre avec leurs pays d'origine. S'appuyant sur les experts et les chercheurs travaillant dans la liaison migration-développement, le professeur Stéphane de Tapia affirme que :

> « *Le développement des pays d'origine de la migration internationale est un phénomène hautement complexe, relativement facile à décrire, extrêmement difficile à modéliser et à transférer.* »[83]

Pour Stéphane de Tapia la liaison migration-développement suppose une meilleure connaissance et une meilleure compréhension des tous les circuits qui entrent en jeu. Développer à notre avis doit supposer la participation de tous les acteurs, la reconnaissance de la complexité de chaque situation, travail auquel les anthropologues s'adonnent mieux que les bailleurs des fonds. La participation sert à renforcer les capacités de tous les acteurs et à valoriser le consensus dans la réalisation du projet.

L'approche populiste

Le populisme a souvent été mêlé au « déconstructionisme », parce que son discours est unilatéral, c'est-à-dire basé sur la seule pensée du développeur excluant celle des développés. Tout le savoir à mettre en œuvre se trouve emprisonné par la bureaucratie des institutions de développement. Le populisme utilise lui aussi un langage fluide sur le développement. Tout est orienté vers l'économie, la technique et la gestion. Le savoir du peuple sur le terrain est soit ignoré, soit utilisé dans un but idéologique ou démagogique. On se sert des connaissances des faibles pour faire exploser dans une forme de rhétorique son art oratoire.

> « *On peut en effet distinguer un « populisme idéologique », avec lequel il conviendrait de rompre (illustré par l'ouvrage classique de Chambers, 1990-1993), et un «*

83 Stéphane de Tapia, *Système migratoire euro-méditerranéen. Effets des transferts financiers dans le pays d'origine*, Strasbourg, Édition du Conseil de l'Europe, p. 96.

populisme méthodologique », nécessaire à l'investigation anthropologique(2). Le populisme idéologique peint la réalité aux couleurs de ses désirs, et a une vision enchantée des savoirs populaires(3). Le populisme méthodologique, lui, considère que les groupes ou acteurs sociaux d' « en bas » ont des connaissances et des stratégies qu'il convient d'explorer, mais sans se prononcer sur leur valeur ou leur validité(4). »[84]

L'approche populiste utilise les pratiques populaires non pour les mettre en valeur, mais pour donner crédit au démagogue. Il y a ici prédominance d'un seul discours au détriment du savoir de ceux que l'on veut développer.

Olivier de Sardan distingue le populisme idéologique qui idéalise les capacités du peuple du populisme méthodologique qui se contente de décrire les ressources pragmatiques (même les plus insignifiantes) de tout acteur. A tous les niveaux il est nécessaire de prendre en compte le savoir scientifique des experts qui a tendance à tout prévoir, le savoir local qui a le mérite d'être pratique et informel même s'il n'a pas encore été reconnu comme scientifique, le domaine du développement étant celui dans lequel il y a forcément impossibilité de tout prévoir. Ne pas combiner le savoir scientifique global au savoir pratique local conduit beaucoup de projets à l'impasse :

> *« C'est parce que les grands schémas centralisés et planifiés de transformation sociale (urbanistiques, révolutionnaires, développementistes) ne la prennent pas en compte qu'ils échouent toujours. »[85]*

C'est peut être du côté de la combinaison du global et du local qu'il faut chercher la clé de réussite des projets de développement. Il y a une vraie demande de participation et il deviendrait efficace s'il aboutissait à la réalisation des projets qui partent d'en bas, le rôle des experts étant celui de catalyseur. C'est dans ce cadre que les

---

84. Jean-Pierre Olivier de Sardan, *Op. Cit.*, p. 738.

85. *Idem.*, p. 740.

auteurs comme Maya Leroy vont privilégier une méthode comme la MARP (Méthode Accélérée de Recherche Participative) :

> *« La plus connue des méthodes participatives de terrain est la MARP (Méthode Accélérée de Recherche Participative). Il s'agit de réaliser des diagnostics rapides de terrain, avec les populations locales. Les populations sont ici « expertes » dans le système et participent fortement à l'élaboration des objectifs du projet. »*[86]

Le processus de participation est difficile à mettre en place. Il se confronte à plusieurs facteurs : temps, argent…mais il est l'interface par lequel on arrive à construire un minimum d'objectifs communs. Les parties prenantes sont appelées à participer à l'exécution ainsi qu'à l'évaluation du projet.

Il faut mettre le doigt sur la situation asymétrique qui déstabilise la plupart des projets. L'apport financier vient en grande partie des experts expatriés et des agences internationales qui naturellement décident et faussent le débat. Pour lui, le renforcement des capacités et la participation concerne d'abord les bénéficiaires. Cette asymétrie est parfois désolante lorsque nous évaluons les sommes colossales investies dans certains projets de développement et les maigres résultats récoltés. En cherchant les véritables causes de la faillite africaine, le professeur Sylvie Brunel écrit :

> *« Dans Sahel : les paysans dans les marigots d'aide (l'Harmattan, 1998), Marie Christine Gueneau et Bernard J. Lecomte s'emportent contre les agences d'aide et les ONG, accusées d'imposer aux paysanneries du Sahel leur propre système de valeurs et leurs credo en matière de développement, sans tenir compte des priorités réelles des prétendus « bénéficiaires » (Puisque c'est le terme consacré) de leurs programmes. Contrairement au discours tenu, constatent-ils, les pauvres sont rarement atteints par les programmes d'aide, d'une part parce qu'ils sont trop peu organisés collectivement, ensuite parce que leur*

---

86. LEROY Maya, *L'analyse stratégique de la gestion environnementale : un cadre théorique pour penser l'efficacité en matière d'environnement*, 2005/2 (Vol. 13).

*vulnérabilité les rend réticents à prendre des risques,
enfin parce que les programmes supposent souvent une «
participation » des destinataires (censée faciliter la fameuse
« appropriation » du projet par ses bénéficiaires), qu'ils ont
rarement les moyens d'acquitter. »*[87]

Personne n'a le monopole de détenir la clé du développement, personne ne connaît tous les besoins fondamentaux des populations. Il y a donc un réel besoin de planification pour travailler de concert avec tous les acteurs concernés, l'expertise extérieure venant pour débloquer les situations qui coincent comme le manque de financement, la priorisation des besoins et les moyens ou les concours techniques. Il faut éviter d'utiliser un discours dominant qui considère le savoir local comme dépassé et retardataire.

L'approche par l'enchevêtrement des logiques sociales
Cette approche développée au cours des années 1980, suppose selon Jean-Pierre Olivier de Sardan (2001) la prise en compte de l'hétérogénéité de tous les acteurs qui se confrontent autour des opérations de développement. Cette approche a le mérite de faire le lien, mieux le rapprochement entre le savoir populaire et le discours développementiste :

*« Au lieu de se focaliser exclusivement sur les savoirs
populaires, comme dans l'approche populiste, au lieu de
dénoncer la configuration développementiste et son discours,
comme dans l'approche déconstructionniste, l'approche
centrée sur l'analyse de l'imbrication des logiques sociales
étudie les relations entre ces deux univers, ou plutôt entre
des segments concrets de l'un et de l'autre, et donc prend
leur rencontre comme objet d'enquêtes empiriques. »*[88]

Cette approche, Olivier de Sardan l'appelle aussi interactionnisme méthodologique à l'opposé de l'interactionnisme idéologique. Ici toutes les interactions sociales entrent en jeu dans chaque projet de développement. L'anthropologie du développement

---

87. BRUNEL Sylvie, *Op. Cit.*, p.183.

88. Jean-Pierre Olivier de Sardan, *Op. Cit.*, p. 742.

prend alors des couleurs variées : savoir pratique, stratégies pratiques, contraintes de contexte, apport extérieur. Toutes ces logiques ne visent qu'une seule chose : le consensus. Chaque contexte invite à analyser le cas en présence de façon particulière. L'imbrication des deux logiques : d'un côté la configuration développementiste et de l'autre le savoir populaire visent la complémentarité ; l'une ne doit pas exclure l'autre.

Cette approche prône la reconnaissance de la diversité des acteurs dans tous les secteurs où interviennent des institutions ou des agents de développement. Les idéologies scientifiques et le savoir des gens du terrain une fois mis en commun peuvent ouvrir la voie au développement tant attendu dans les pays du sud et doivent aider à réparer les dysfonctionnements du passé. L'enchevêtrement des logiques sociales n'est pas encore la solution recherchée, car le développement demeure un domaine complexe. Mais il nous ouvre des nouveaux espaces de recherche et d'interprétations. Olivier de Sardan (2001)

Notre analyse d'étape vient de porter sur la question de la participation dans la recherche de développement. Un projet mal préparé est souvent un échec à l'arrivée. Dans nos pays du Sud, les dirigeants, les populations locales n'ont que ce mot à la bouche. La réalité est que certains d'entre eux font piètre figure C'est le cas de la République Démocratique du Congo ex-Zaïre :

> « Selon le PNUD, un enfant sur cinq meurt avant l'âge de cinq ans. Que les Zaïrois comptent parmi les plus pauvres d'Afrique est d'autant plus scandaleux qu'au moment de l'indépendance leur pays n'était pas dépourvu d'infrastructures sociales et, surtout, qu'il s'agit d'un pays fabuleusement riche. Bien géré, le Zaïre aurait pu rivaliser avec l'Afrique du Sud ! »[89]

Et pourtant, malgré toutes les richesses de son sol et de son sous-sol, la réalité économique et sociale du Congo est très négative. Au lieu de progresser, ce pays régresse. Selon l'indice de

---

89. BRAECKMAN Colette, *Le dinosaure. Le Zaïre de Mobutu*, Paris, Fayard, 1990, p. 215.

développement humain (IDH) publié par le PNUD (Programme des Nations Unies pour le développement) en Novembre 2011, La Norvège est au top des pays où l'on vit le mieux et la RDC vient en dernière position :

> « *Les pays occupant les 10 dernières places du classement IDH 2011 se trouvent tous en Afrique subsaharienne. Il s'agit de la Guinée, de la République centrafricaine, de la Sierra Leone, du Burkina Faso, du Liberia, du Tchad, du Mozambique, du Burundi, du Niger et de la République Démocratique du Congo.* »[90]

Tous les discours sur le développement n'ont encore rien donné sur le terrain. Il est temps de ne plus regarder seulement les causes externes du retard (traite, colonisation, échange inégal) que les autorités pointent du doigt à longueur de journées. En s'interrogeant sur la nature des causes internes on peut arriver à remettre en question les approches utilisées qui se révèlent inefficaces.

Nous en arrivons à faire le plaidoyer de la méthode interactionnelle qui vise l'enchevêtrement des logiques sociales : mettre ensemble le savoir, les moyens, les besoins des populations dans une logique participative de lutte contre la pauvreté. La question du développement prendra tout son sens lorsque l'on examinera toutes les causes à la fois internes (corruption, clientélisme, tribalisme) et externes (échange inégal, discours dominant des experts) de nos dysfonctionnements. Nous concluons cette étape sur une note d'espoir avec Sylvie Brunel que :

> « *l'Afrique est aujourd'hui un continent en réserve de développement.* »[91]

Il prendra son envol lorsque son dictionnaire de développement imbriquera toutes les logiques sociales et ne sera pas l'apanage des dominateurs.

---

90. www.undp.org/2011-human-development-index-norway, 2 Novembre 2011 – Copenhague, (consulté le 16 Novembre 2012.
91. Sylvie BRUNEL, *Op. Cit.*, p. 143.

II.4. Promouvoir l'égalité et l'autonomisation des femmes.

Cette étape de notre parcours porte sur la question du genre. L'article 14 de la Constitution de la République Démocratique du Congo stipule ce qui suit :

«*Les pouvoirs publics veillent à l'élimination de toute forme de discrimination à l'égard de la femme et assurent la protection et la promotion de ses droits. Ils prennent, dans tous les domaines, notamment dans les domaines civil, politique, économique, social et culturel, toutes les mesures appropriées pour assurer le total épanouissement et la pleine participation de la femme au développement de la nation. Ils prennent des mesures pour lutter contre toute forme de violences faites à la femme dans la vie publique et dans la vie privée. La femme a droit à une représentation équitable au sein des institutions nationales, provinciales et locales. L'État garantit la mise en œuvre de la parité homme-femme dans lesdites institutions. La loi fixe les modalités d'application de ces droits.* »[92]*

C'est déjà une bonne chose que la question du genre soit posée et intégrée dans la Constitution adoptée par référendum en 2006. Mais derrière tous ces principes d'égalité mis en valeur par ce texte, se trouvent cachées toutes les formes de précarités et de violation des droits subies par les femmes. Face à cette belle structure et ces bonnes intentions, force est de reconnaître d'emblée qu'il existe encore des contraintes liées à son application. Les déclarations de principe et la promulgation des lois ne suffisent pas ; encore faut-il qu'elles soient accompagnées des mécanismes de suivi et de mise en œuvre. Dans la pratique il y a encore du chemin à faire dans les mœurs, les habitudes culturelles et le poids des coutumes. Il manque l'intégration de la Constitution et les mesures de son renforcement par l'ensemble de la société de la République Démocratique du Congo.

---

92. Article 14 de la Constitution de la République Démocratique du Congo, promulguée par le Président Joseph KABILA le 18 février 2006.

Le monde social africain en général et congolais en particulier, pour ce qui nous concerne en ce point, est traversé par des rapports de force qui attribuent aux femmes le rôle de subalternes. La dot versée par l'homme à la famille de la femme lui donne plus de pouvoir sur son épouse. Il y a encore une faible visibilité sociale du travail des femmes. L'accès au travail professionnel reste encore pour elles une conquête historique. Là où elles ont la chance de travailler, à l'exception de celles qui ont une position de commandement, la mixité au travail n'est pas encore synonyme d'égalité.

L'accès des femmes au salariat est un parcours difficile. La division du travail est très inégalitaire et donne le travail valorisant aux hommes plutôt qu'aux femmes. A ces dernières est réservé tout ce qui ressort de l'ordre de la routine, pour qu'elles reproduisent indéfiniment les mêmes corvées : nettoyage, recherche de bois, cuisine, vaisselle, lessive, repassage, couture, garde des enfants. Colette Braeckman observe ce qui suit :

> « *Tout en bas de la pyramide sociale, il y a les femmes. C'est sur elles que reposent toutes les féodalités, anciennes ou modernes.* »[93]

L'entrée des femmes dans le salariat n'est pas souvent appréciée par les hommes qui préfèrent les cantonner aux travaux domestiques. Colette renchérit:

> « *dans tout le pays, l'obligation de nourrir leur famille et de s'occuper des enfants pèse trop lourd sur le dos des femmes.* »[94]

Les travaux non rémunérés et les plus ingrats sont réservés aux femmes. Les obliger à s'occuper des enfants est la meilleure façon de réduire leurs chances d'embrasser une carrière professionnelle rémunérée.

---

93. BRAECKMAN Colette, *Le dinosaure. Le Zaïre de Mobutu*, Paris, Fayard, 1992, p. 260.

94. *Idem.*, p. 262.

Celles qui gagnent de l'argent font peur. Elles ont acquis leur autonomie et s'émancipent. Au travail elles rencontrent d'autres hommes. Ceci rend certains époux jaloux parce qu'ils vivent mal leur exposition journalière à la mixité. Le travail rémunéré des femmes est une conquête sur un domaine que la société attribuait exclusivement aux hommes :

> « Les hommes, eux, s'occupent des choses sérieuses : gagner de l'argent en espèces. »[95]

C'est donc aux hommes que la société attribue en premier la tâche de gagner de l'argent : les femmes tout comme les enfants sont supposés dépendre du salaire du mari. Nous écrivons pour que l'infériorisation et la subordination des femmes ne s'établissent pas ad vitam comme des dogmes immuables au sein de notre société. Le mobile qui nous pousse à nous investir dans cette recherche est d'évoquer les valeurs positives qui doivent libérer et protéger les femmes d'analyser en même temps quelques coutumes devenues structurelles qui persistent à écraser celles-ci.

L'intérêt de ce sujet est donc de contribuer à appuyer l'effort des femmes à réduire les inégalités hommes/femmes concernant l'accès au travail rémunéré et au droit. L'émancipation des femmes dans la société congolaise est une cause que nous soutenons. Il s'agit pour nous d'étudier, entre autres, un fait récent en rapport avec l'immigration congolaise en général : la montée en flèche du nombre des femmes qui décident de partir du pays pour s'installer ailleurs.

II.4.1. La division sexuelle du travail et la subordination des femmes

La division sexuelle du travail est un fait ancien qui se vérifie partout. La République Démocratique du Congo ne fait pas exception en la matière. D'après Roland Pfefferkorn, ce concept renvoie d'abord au :

> « Constat de l'assignation des hommes et des femmes à des tâches différentes et à la manière dont ces assignations commandent des comportements et des revendications particuliers. Elle s'applique tant à la sphère salariée et

---

95. BRAECKMAN Colette, *Op. Cit.*, p. 260.

professionnelle qu'à la sphère domestique. Cette répartition sexuée se vérifie partout, comme le montrent les travaux de sociologie, d'histoire ou d'ethnologie. »[96]

Les recherches de Guy Bernard sur la conjugalité et le rôle de la femme à Kinshasa confirment une nette ségrégation dans l'assignation des tâches entre hommes et femmes :

> *« Les rôles des hommes et des femmes, des maris et des épouses, sont nettement définis et fondés sur une ségrégation entre les sexes. A l'homme incombent la vie publique, très intense, les gros travaux des champs, tels qu'abattre des arbres, réparer les sillons, travaux qui n'exigent d'ailleurs que quelques jours dans l'année, la construction de la maison, la chasse et certaines formes de pêche. La femme se voit chargée des travaux quotidiens de la culture, du ménage, de la cuisine. Elle supplée aux insuffisances de la production par le commerce au marché plus ou moins proche de chez elle, où elle est le plus souvent à la fois acheteuse et vendeuse. La participation de la femme à la vie économique du ménage est particulièrement importante. »*[97]

En effet, comme partout ailleurs, il existe en République Démocratique du Congo des tâches imparties de façon spécifique aux hommes et aux femmes. Les travaux des chercheurs Léon Matangila, Bruno Lapika et autres donnent un éclairage sur les tribus et ethnies de la province du Bandundu au Sud-ouest de la République Démocratique du Congo. Ils permettent de comprendre leur localisation, l'historique, et leur organisation sociale, politique, économique et culturelle. Les chercheurs montrent clairement que dans ces entités tout comme dans le reste du pays, le travail des hommes est distinct de celui des femmes. Il y a des tâches spécifiques pour les femmes et les activités exclusivement masculines. Ils écrivent par exemple que chez les Boma du territoire de Bagata,

---

96. PFEFFERKORN Roland, *Genre et rapports sociaux de sexe*, Lausanne, Éditions Page deux, 2012, p. 95.

97. BERNARD Guy, « conjugalité et rôle de la femme à Kinshasa », in *La Revue des Études Africaines*, Vol 6., n°2 (1972), 261-274.

« Les femmes s'occupent des champs, du ménage, et de la poterie. Il existe également des femmes tradi-praticiennes. Les hommes font la chasse, la pêche, construisent des cases. »[98]

Chez les Cokwe qui font partie de l'empire Lunda venus de l'Angola dans le dernier tiers du XIXe siècle,

«Les hommes font la chasse, activité très importante malgré le maigre rendement. Elle est faite individuellement ou par groupe. Ils pratiquent la chasse au filet, à l'arc, la battue avec des chiens, les feux de brousse ainsi que les pièges. Les femmes font la cueillette qui est plus centrée sur les chenilles, les légumes et les poissons. »[99]

Chez les Lunda, une ethnie que l'on trouve dans les provinces du Katanga, Kasaï-Occidental, Kasaï-Oriental et Bandundu,

« La chasse est faite par les hommes dans la savane ; la pêche est surtout l'œuvre des femmes. »[100]

A propos de la chasse chez les Yansi qui sont localisés dans les territoires de Bagata, Bulungu, et Masi Manimba dans le district du Kwilu, les chercheurs écrivent :

« Elle est exclusivement masculine. Elle se fait de jour comme de nuit, en groupe ou individuellement. Ils pratiquent le feu de brousse. Ils posent des pièges pour attraper les gibiers. La cueillette est l'apanage des femmes et des jeunes filles. La cueillette consiste en ramassage de champignons et de chenilles. »[101]

Dans la division du travail telle que décrite par ces chercheurs congolais sur les ethnies et tribus de la province de Bandundu, nous constatons que la chasse est réservée aux hommes, qu'elle se réalise

---

98. MATANGILA MUSADILA Léon, LAPIKA Bruno et alii, *Le paradoxe politique: une réalité pour la diversité culturelle au Congo-Kinshasa. Le cas des ethnies de la province de Bandundu*, Paris, L'Harmattan, 2007, pp 37-38.

99. *Idem.*, p. 43.

100. *Idem.*, p. 72.

101. *Idem.*, pp. 191-192.

individuellement ou collectivement. Elle est une activité pratiquée pendant le jour, mais elle se fait surtout la nuit. Il faut beaucoup de bravoure pour affronter les obstacles du monde invisible. Un tel courage fait de la chasse un exercice valorisant ; voilà pourquoi elle revient exclusivement aux hommes. Aux femmes sont réservés le ménage, la cueillette, et les travaux agraires.

Cette division du travail est en même temps stratification et hiérarchisation sociale au détriment des femmes. Nos observations rejoignent les conclusions de Mirjana Morokvasic qui affirme qu'il existe à l'échelle internationale des normes traditionnelles bien établies qui privilégient les hommes et réservent aux femmes un travail subalterne et ingrat :

> « La division sexuelle et ethnique à l'échelle internationale assigne les femmes à des emplois précaires, dans des secteurs d'activité socialement dévalorisés. »[102]

Devant certaines situations, par le poids des coutumes et de la culture, les femmes sont plus vulnérables que les hommes. Au Congo, elles endurent, encore de nos jours, une forme de relations sociales aliénées caractérisées par l'exclusion, les discriminations, les inégalités multiformes qui ont pour but leur infériorisation sociale. Le concept de division sexuelle du travail est apparu d'abord en France. Mais il se vérifie et s'applique partout sous le principe bien élaboré de séparation et de hiérarchisation par le biais du travail. Helena Hirata et Danièle Kergoat ont vu juste en signalant ce qui suit:

> « La division sexuelle du travail, concept apparu en France dans les années soixante dix, paraît donc tout à fait opératoire dans les sociétés africaines : cette forme de division de travail social découlant des rapports sociaux entre les sexes, a pour caractéristiques l'assignation prioritaire des hommes à la sphère productive et des femmes à la sphère reproductive ainsi que, simultanément,

---

102. MOROKVASIC Mirjana, « Le genre est au cœur des migrations », in FALQUET Jules et alii, *Le sexe de la mondialisation. Genre, classe, race et nouvelle division du travail*, Paris, Presses de la Fondation nationale des Sciences politiques, 2010, p. 106.

la captation par des hommes des fonctions à forte valeur ajoutée (politiques, religieuses, militaires, etc.). »[103]

Les chasseurs exclusivement hommes font partie de la classe des initiés, avec une parfaite connaissance de l'univers tant visible qu'invisible. La chasse est traditionnellement une activité valorisante parce que le chasseur nourrit sa communauté et fait partie de la garde rapprochée du chef. Nous comptons démontrer ici, sans prétention d'épuiser le sujet qu'à travers la division sexuelle du travail au Congo, spécialement en milieu rural, les femmes subissent encore les féodalités modernes ou anciennes. En ville, malgré la persistance des inégalités, il y a quelques timides améliorations quant à la scolarisation des filles par exemple, domaine dans lequel le milieu rural est encore plus défavorisé que le milieu urbain.

A l'inverse de ce qui se passe en ville, de nombreux facteurs en milieu rural (faible scolarisation des filles, poids des pratiques traditionnelles et résistances culturelles, pauvreté, malédiction pesant sur les femmes stériles) font dire à Sylvie Brunel que « les femmes continuent de vivre comme leurs mères. »[104]

Le poids de certaines coutumes et traditions continue à retarder l'intégration totale du genre dans le développement. La confiscation des droits des femmes à la propriété foncière et la violence masculine au sein de la famille constituent un véritable frein au progrès social et au développement.

Dans les villages, l'État n'arrive pas encore à brancher les foyers sur des réseaux d'eau courante et d'électricité. Seulement 9% des Congolais y ont accès. David Van Reybrouck fait un état de lieux désolant :

---

103. HIRATA Helena, KERGOAT Danièle, « Division sexuelle du travail professionnel et domestique. Brésil, France, Japon », in *Travail et Genre. Regards croisés France-Europe-Amérique latine*, Paris, La découverte, 2008, pp. 197-209, p. 199.

104. BRUNEL Sylvie, *Op. Cit.*, p.133.

« Les quatre grandes villes du pays sont donc Kinshasa, Lubumbashi, Kisangani et depuis peu, Mbuji-Mayi. Pour l'heure, elles ne sont reliées entre elles ni par un chemin de fer ni par des routes goudronnées. Le Congo compte en ce début du troisième millénaire moins d'un millier de kilomètres de routes goudronnées. Pratiquement plus aucun train ne circule. Des bateaux de Kinshasa à Kisangani mettent des semaines à arriver. »[105]

Cet immense territoire africain aux richesses naturelles exceptionnelles est violenté par son destin et connaît une tragédie sans fin. A chaque tournant, écrit Colette Braeckman,

« On se dit que le pire est passé, que le colonisateur belge fera mieux que Léopold II, que l'indépendance allégera le joug colonial, que Kabila, le tombeur de Mobutu, mettra fin aux exactions et le fils Kabila fera mieux que son père. Hélas, les pillages se succèdent, se superposent, ne s'annulent jamais. »[106]

L'histoire du Congo est donc alimentée par des indignations infinies, une accumulation de souffrances : traite négrière, colonisation (ce fléau qui a meurtri notre terre), dictature, rébellions, politiciens pilleurs en costumes cravates, un géant sans armée pour se défendre. Devant cette déconfiture d'un Etat où la roue ne tourne que trop vite et où la situation économique est grevée de corruption, clientélisme, tribalisme catastrophique, la population se trouve parmi les plus démunies au monde. Le pays est à genoux et cité de partout comme un Etat en faillite.

Ce pays rongé par la précarité alourdit la pénibilité des femmes à qui les travaux domestiques sont prioritairement assignés. C'est à elles et aux enfants que reviennent exclusivement les tâches les plus ingrates de recherche d'eau, de bois et l'entretien des feux. En ville, malgré un semblant de progrès, où les femmes semblent

105. VAN REYBROUCK David, *Congo. Une histoire*, Arles, Actes Sud, 2012, p. 31.

106. BRAECKMAN Colette, *Vers la deuxième indépendance du Congo*, Le Cri et Afrique Édition, 2008, p. 169.

être plus émancipées que dans le milieu rural, nous allons essayer de démontrer que les féodalités du village liées surtout à l'agriculture, secteur important de l'emploi des femmes, se sont transformées en d'autres discriminations sociales en leur défaveur dans l'espace domestique et dans le monde professionnel.

En ville, les inégalités persistent. Elles prennent simplement d'autres formes : ce sont les femmes pauvres et souvent des jeunes filles venues des campagnes par exemple qui accomplissent les tâches les plus dévalorisées socialement que les nantis des villes ne veulent pas ou plus faire. En plus des inégalités hommes/femmes, il se dessine en ville un désolant clivage femmes/femmes qui crée une ligne de démarcation entre femmes riches pourvoyeuses d'emploi et femmes pauvres au service de la classe supérieure, opprimées, exploitées et inférioriséés par elle. Roland Pfefferkorn a fait le même constat en France en observant que l'opposition des classes entre femmes est rendue possible par la différence des ressources financières et économiques. Il note que :

> «la situation d'une partie des femmes disposant de ressources économiques, culturelles et sociales s'opposant nettement à celle de l'autre partie, de plus en plus grande qui va se précarisant et s'appauvrissant. »[107]

Ceci rend complexe la compréhension de l'infériorisation sociale des femmes quand certaines d'entre elles prennent la place « traditionnelle » des hommes pour perpétuer des structures inégalitaires qui contribuent à véhiculer un message négatif selon lequel les femmes seraient des êtres de second rang.

Dans cette partie, nous aborderons les questions ayant trait au patriarcat, à la valeur du travail féminin, le travail du « care » en ville. Nous analyserons aussi quelques contraintes à l'application du genre, elles sont liées selon nous à la pauvreté, au poids des coutumes et des traditions, aux religions, aux femmes elles-mêmes qui souvent n'ont pas confiance en elles-mêmes et sous estiment leurs capacités et compétences, aux hommes qui ne veulent pas

---

107. PFEFFERKORN Roland, *Inégalités et rapports sociaux. Rapports de classes, rapports de sexes*, Paris, La Dispute, 2007, p. 357.

perdre des privilèges de leur classe dite supérieure et de pensée dominante, qui désirerait avoir en face une soumission aveugle de la part des femmes.

II.4.2. Les rapports patriarcaux.

Le concept de patriarcat est le produit du capitalisme entendu comme système ou mode de production. D'après Pfefferkorn :

> « *Le patriarcat vise précisément à rendre compte du fait que les hommes, en tant que groupe social, détiennent toujours le pouvoir sur les femmes malgré les changements intervenus au cours du XXe siècle.* »[108]

Dans ce travail, nous utiliserons ce concept pour rendre compte de la domination et de l'exploitation subies par les femmes de la part des hommes en Afrique, et particulièrement en République Démocratique du Congo. Signalons ici que parfois pour les femmes, partir du continent est un bien. Cette fuite de la pauvreté s'accompagne pour elles d'un processus de transformation du monde social. Elles cherchent à construire des marges de liberté et d'action dans leur nouvel espace de vie. Elles prennent conscience de l'ampleur d'une injustice qui se perpétue depuis des temps immémoriaux. Elles souhaitent simplement, comme une revanche, prendre en main leur propre destin et récupérer le contrôle de l'initiative individuelle et collective dont elles ont le sentiment d'avoir été dessaisies en Afrique et sur le sol congolais pour parler du cas qui nous concerne.

Les Congolaises tentent de dénoncer la violence cachée des rapports sociaux hommes/femmes à la lumière de la libre expression retrouvée en Occident. L'identité de genre en République Démocratique du Congo est produite par les relations sociales et le poids des coutumes et mœurs qui obligent les femmes à la subordination. L'état de droit avec des lois qui protègent et qui sont mises en application pour garantir le statut des femmes est presqu'inexistant. En ce qui concerne les institutions et la coutume (pour le droit traditionnel, et le droit positif moderne), toutes ne prescrivent dans la réalité des faits que la minorité féminine ou leur totale dépendance des hommes. On peut lire avec Goli Kouassi que

---

108. PFEFFERKORN Roland, *Op. Cit.*, p. 242.

le conseil des anciens qui est l'organe traditionnel le mieux répandu sur le continent ne concède aucun siège délibératif aux femmes :

> « Si une institution coutumière est bien connue en milieu traditionnel africain, c'est bien celle du conseil des anciens. Organe souverain au niveau du groupe social concerné, ce conseil délibérait de toutes les questions vitales : conjuration d'une calamité ; désignation du successeur du chef du village, de tribu, etc. La femme n'avait pas le droit de siéger à ce conseil ; et si son avis était sollicité, il l'était à titre consultatif et non délibératif. »[109]

On continue malheureusement à vivre dans une société complètement divisée en deux : suprême dans sa moitié masculine et subalterne dans celle dite faible et féminine. L'une gouverne et contrôle toute la machine du pouvoir, et l'autre, soumise, tente d'informer l'ensemble de l'humanité des discriminations persistantes malgré l'existence de lois qui malheureusement tardent à être effectives et appliquées.

A la suite d'Amartya Sen qui estime que la liberté est la fin ultime du développement, Fatou Sow analyse de façon pertinente les épreuves qu'impose le patriarcat à la participation des femmes africaines au développement. Contre ce système, elle dénonce les contours des traditions pesantes qui laissent les femmes en marge de liberté :

> « Les rapports d'inégalité entre les sexes ne peuvent être différenciés de toutes les inégalités de classe, de caste, de race. Les rapports hommes-femmes sont moulés dans les normes émanant de la culture que renforce la religion. Alors que la société, la culture, la religion, voire la loi, donnent l'autorité à l'homme, les femmes doivent négocier la leur. Aujourd'hui, les femmes remettent plus ouvertement en question les formes patriarcales du pouvoir politique et de l'État qui restreignent leurs droits à la citoyenneté, ainsi que le contrôle de larges ressources par les hommes. »[110]

---

109. KOUASSI Goli, *La prostitution en Afrique. Un cas : Abidjan*, Abidjan, Les Nouvelles Éditions Africaines, 1986, p. 29.
110. SOW Fatou, « Idéologies néolibérales et droits des femmes en Afrique » in FALQUET Jules et alii, *Le sexe de la mondialisation. Genre, classe, race et*

En République Démocratique du Congo, les pratiques quotidiennes de genre trouvent leurs racines dans les coutumes, les traditions, les préjugés et dans certaines doctrines qui, au fil du temps, ont enseigné aux hommes à se comporter comme chefs et aux femmes comme subalternes et à leur service. Le sociologue congolais Albert Muluma note que les femmes sont en situation de dépendance permanente tant dans leur famille natale que dans leur foyer de mariage. Nous essayerons de montrer que dans plusieurs domaines, l'égalité hommes-femmes n'a pas encore été obtenue :

> « *Une femme célibataire est de toutes les façons dans une situation de dépendance à l'égard de ses parents. Elle vit sous l'autorité des membres de sa famille et celle-ci lui accorde sa protection. Lors de son mariage, elle passe sous le contrôle et la protection de son mari ou celle des parents du mari. En fait, de la dépendance de ses parents, elle passe sous celle de son mari.* »[111]

Le patriarcat que nous dénonçons est justement cette «mise en minorité» des femmes. Elle est dégradante et est devenue presque structurelle. Elle fait de la femme l'être faible moins intelligent qui doit éternellement être guidé et protégé par les hommes. Cette infériorisation sociale des femmes est tolérée par l'ensemble de la société.

Derrière l'image volontariste de ne pas laisser les femmes seules sans le contrôle masculin se cache d'un côté la suprématie malveillante d'une société machiste qui donne pouvoir aux hommes, et grâce à leur force, d'être les seuls habilités à protéger les femmes. De l'autre, elle véhicule l'idée selon laquelle les femmes sont incapables de se prendre en charge. Entendu comme cela, le patriarcat donne aux hommes des prérogatives : droit à certains soins domestiques, droit sur la femme. Notre société congolaise en voie de développement place parfois encore les femmes sous tutelle des

nouvelle division du travail, Paris, Presses de la Fondation nationale des Sciences politiques, 2010, p. 249.

111. MULUMA MUNANGA Albert, *Sociologie générale et africaine. Les sciences sociales et les mutations des sociétés africaines*, Paris, L'Harmattan, 2008, p. 175.

tabous et d'une hiérarchie masculine (patriarcat) traditionnellement pesante. Un tel système ne leur a pas toujours permis d'affirmer leur dignité ni de dessiner librement leur destinée. Il y a une forme de tension entre le besoin d'avancer vers plus d'autonomie et la place toujours forte que tient le patriarcat dans les mentalités. Nous ne comptons pas ici assumer le débat qui divise les sociologues autour du patriarcat au risque de nous éloigner du cadre sous lequel nous comptons faire usage du terme et nous l'approprier. Il nous convient de retenir comme nous le signale Roland Pfefferkorn que

> « *Le concept de patriarcat a été critiqué en raison de sa généralité, de son caractère an-historique et de son déterminisme quasi absolu qui laisse peu de marges de manœuvre aux sujets individuels et collectifs et par conséquent peu de possibilités pour des changements.* »[112]

Le concept de patriarcat est critiquable, nous n'en disconvenons pas. D'autres synonymes comme genre, rapport de genre, rapport sociaux de sexe peuvent prétendre mieux l'expliquer. Ce qui nous importe c'est de partir des propositions générales que Roland Pfefferkorn dégage des analyses de Christine Delphy sur le patriarcat et de les « contextualiser » si c'est le cas à l'oppression et à l'exploitation des femmes congolaises :

> « *1) Le patriarcat c'est « le système de subordination des femmes aux hommes dans les sociétés industrielles contemporaines ;2)ce système a une base économique ;3) cette base est le mode de production domestique.* »[113]

Si dans les sociétés industrielles contemporaines le mode de subordination des femmes passe par l'économie et la production domestique comme l'affirme Christine Delphy, en République Démocratique du Congo, les fondements des pratiques du genre émanent des traditions et coutumes. Nous pouvons affirmer avec l'historien Joseph KI-ZERBO que l'économie de l'Afrique pré coloniale était basée sur des rapports patriarcaux qui exploitaient le travail des femmes :

---

112. PFEFFERKORN Roland, *Genre et rapports sociaux de sexe*, Lausanne, Éditions Page deux, 2012, p. 26.

113. *Idem.*, p.27.

« *Les femmes, a-t-on dit, constituaient une catégorie particulièrement opprimée. Certes, la femme africaine était parfois une travailleuse et une source de travailleurs supplémentaires dans le champ d'un polygame. Elle constituait parfois un bien d'échange, servant par sa dévolution en mariage, à consolider les relations sociales.* »[114]

Le patriarcat comme système de subordination des femmes en République Démocratique du Congo est une approche qui n'est pas le produit d'un destin biologique ; il est une construction sociale qui vise à faire valoir la suprématie masculine tant sur la sphère publique que dans le domaine privé. Prenons pour illustration cette déclaration d'Anne-Marie Nsaka Kabunda lors de son intervention à la 12e Assemblée Générale du Conseil pour le Développement de la Recherche en Sciences Sociales en Afrique (CODESRIA : Council for the Development of Social Science Research in Africa) :

« *La RDC n'est pas souvent citée comme une réussite en ce qui concerne la question des femmes dans le leadership politique. Les principaux acteurs dans la politique et dans le processus de prise de décision sont toujours des hommes, en dépit de la présence des femmes. Les questions sur les programmes politiques des femmes ne sont ni exposées, ni considérées comme des priorités. Le fait que les hommes prédominent dans la sphère publique et politique en RDC signifie que son organisation et ses structures sont fortement influencées par les valeurs, les attitudes et les priorités masculines. Très peu de partis politiques se sont concentrés sur des questions importantes pour les femmes. Le fait que la RDC soit une société patriarcale se reflète également dans les partis politiques et dans leur manque de programme clair par rapport aux problèmes des femmes. Nous voyons un Etat patriarcal dont le but principal est de maintenir et défendre un tel pouvoir, une institution par les hommes et pour les hommes.* »[115]

---

114. KI-ZERBO Joseph, *Op. Cit.*, p. 176.

115. NSAKA KABUNDA Anne-Marie, « Espace public, espace masculin ?

Là où Anne Marie Nsaka Kabunda accuse l'État patriarcal, nous en appelons à revenir à la base, à la vraie source des inégalités sociales c'est-à-dire à la famille qui, en République Démocratique du Congo s'étend du ménage à la parenté et à l'alliance. Autrement dit, il y a la famille restreinte ou nucléaire (pierre angulaire de l'édifice social constituée du père, de la mère et des enfants), mais il y a aussi la famille élargie ou étendue (qui se compose de plusieurs familles nucléaires remplissant les fonctions de communauté religieuse, économique et politique dont le village est la structure de base).

Aujourd'hui, même si nos villes rassemblent des personnes de différentes origines, elles étaient au départ construites sur la base ethnique, le premier occupant d'un quartier vendant la terre prioritairement aux ressortissants de son clan. La ville, avant de modifier ou de transformer les mentalités du village, a servi de laboratoire de reproduction de celles-ci .C'est donc au sein de l'entité famille vue à la congolaise (ethnie, tribu, clan) qu'il faut rechercher les racines de l'arbre du genre. Trois points du patriarcat semblent freiner l'émancipation des femmes : les droits accordés aux hommes par le mariage, les droits des parents sur les enfants, et le caractère culturel de l'accès à la terre par le mariage.

II.4.3. Les privilèges accordés aux hommes par le mariage
Pour commencer voici ce que dit la Constitution de la République Démocratique du Congo sur le mariage :

> « Tout individu a le droit de se marier avec la personne de son choix, de sexe opposé, et de fonder une famille. La famille, cellule de base de la communauté humaine, est organisée de manière à assurer son unité, sa stabilité et sa protection. Elle est placée sous la protection des pouvoirs publics. Les soins et l'éducation à donner aux enfants constituent, pour les parents, un droit naturel et un devoir qu'ils exercent sous la surveillance et avec l'aide des pouvoirs publics. Les enfants ont le devoir d'assister leurs parents. »[116]

Politique et genre en République Démocratique du Congo » in *CODESRIA* 12ᵉ Assemblée générale tenue à Yaoundé du 7-11 décembre 2008, pp.3-4.
116. Article 40 de la Constitution de la République Démocratique du Congo,

Dans sa conception du mariage, la Constitution de la République Démocratique du Congo a le mérite de mettre l'amour entre hommes et femmes au cœur de leur union. Elle privilégie la parité, l'égalité. Cette notion juste et belle du mariage monogamique, d'union libre de toute pression, d'espace de réalisation de l'amour inconditionnel entre deux personnes de sexe opposé, demeure un axe difficile à assumer par certains polygames.

L'aspect polygamique que la nouvelle Constitution évite d'évoquer nous pose personnellement problème. Cette particularité qui à notre sens menace la dignité de la femme mérite d'être examinée. On ne peut pas faire prévaloir les exigences de liberté, d'égalité et de parité, et en même temps mettre sous le boisseau des questions importantes que cette situation complexe soulève. A travers la polygamie, la condition de la femme se trouve sensiblement détériorée, enchaînée par la dot, l'absence de liberté et toutes les contraintes qui la maintiennent à un rang subalterne.

La polygamie est vraiment défavorable aux femmes et aux enfants. À ce propos Natacha Ordioni écrit ceci :

> *« L'institution de la polygamie contribue à construire des relations de défiance entre coépouses, relations intensifiées par leur situation de dépendance et la compétition qui s'instaure entre elles. Le statut des enfants des différentes épouses est souvent inégalitaire – une enquête réalisée sur les jeunes filles déscolarisées de trois communes d'Abidjan («Les jeunes filles déscolarisées, qui sont-elles ? ») révèle que nombre d'entre elles ont été confrontées à des relations familiales conflictuelles inscrites dans des unions polygames. »*[117]

---

promulguée par le Président Joseph KABILA le 18 février 2006.

117. ORDIONI Natacha « Pauvreté et inégalités de droits en Afrique : une perspective " genrée " », in *Mondes en développement*, 1/2005 (no 129), p. 93-106. URL: www.cairn.info/revue-mondes-en-developpement-2005-1-page-93.htm. DOI : 10.3917/med.129.0093.

La polygamie est une infériorisation voulue par le patriarcat pour la subordination des femmes. Elle leur accorde moins de pouvoirs :

> « Au-delà de la diversité des coutumes particulières à chaque ethnie, il existait en Afrique Noire un type traditionnel de la famille que les études des ethnologues ont permis de dégager. On peut caractériser le mariage africain par un certain nombre de traits. Il est légitimé par le versement de prestations et de contre prestations à l'occasion des cérémonies lors desquels s'engagent réciproquement les deux familles étendues ; il est exoclanique et souvent endotribal ; il a pour fondement la procréation, il est potentiellement polygamique et dissoluble ; la femme, généralement très jeune au moment de son mariage, n'a pas les mêmes pouvoirs que l'homme ; il prescrit des conduites sexuelles, économiques domestiques fixes, les pratiques sexuelles variant considérablement d'une ethnie à l'autre. »[118]

Guy Bernard touche du doigt la complexité du mariage en Afrique noire, mais il pèche en essayant de le généraliser. Sans faire ressortir la spécificité de chaque peuple du continent, il nous fait part d'affirmations, de catégories trop vastes et disparates. Quel est le sens du mariage au Congo ? C'est une question très difficile. Pour y répondre, nous nous sommes servis des recherches sociologiques qui font consensus en cette matière. Peut-on se contenter de la seule simplification rapportée dans la nouvelle Constitution qui le décrit comme union libre entre deux personnes de sexe opposé en vue de fonder une famille? Pas si simple que ça ! Cette homogénéité voulue par la Constitution ne doit pas nous faire oublier la grande diversité culturelle du pays. Le sociologue congolais Albert Muluma pourrait bien nous orienter dans le sens de ce qui fait unanimité:

> « Le mariage n'est pas seulement l'union d'un homme et d'une femme, mais une alliance entre deux familles ou groupes de parents. D'où le sens de contre-dons, des contre-paiements. Cette alliance peut aller jusqu'à l'échange des biens reçus pour acquérir une autre épouse. La notion du

---

118. BERNARD Guy, *Op. Cit.*, p. 261.

prix de la fiancée est complexe. Il ne faut donc pas simplifier la notion, mais la replacer dans l'ensemble du système dont il est un élément »[119]

La notion de mariage est vraiment très complexe en République Démocratique du Congo. Les prestations demandées dans la dot sont parfois importantes. Aujourd'hui, nous avons l'impression que les filles sont vendues par leurs familles. De fortes sommes sont exigées des maris avant le mariage. Pour nous, on est en train d'abuser de l'acte symbolique qu'est la dot. Traditionnellement, elle ne doit pas être perçue comme une forme d'achat de la femme. Elle représente une manière forte de transfert, la femme passant du contrôle et de la protection parentale au contrôle et à la protection de son mari. Pour nous, ce transfert de contrôle pose problème car il met en exergue l'infériorité des femmes qui sont toujours sous tutelle masculine. Le mariage octroie au mari certains droits et, comme nous allons le voir avec Albert Muluma, c'est encore l'homme en tant que seul capitaine au sein du couple qui reçoit les services de la femme dont il assure en contre partie la protection :

« *Le mariage donne au mari et à sa famille certains droits. Droit à certains soins domestiques (sur la personne), droit sur la femme, droit de réclamer une indemnité pour les préjudices qui lui ont été causés. C'est par la compensation dotale que se fait le transfert des droits. Elle est aussi un instrument matériel du transfert de ce droit. Bien souvent le mari a de fait le droit de demander le divorce. La valeur de la femme était souvent fonction de sa fécondité. »*[120]

En République Démocratique du Congo, la valeur de la femme reste encore foncièrement liée à la fécondité, ce qui enlève à la nouvelle Constitution la notion d'union libre entre sexe opposé qu'elle vient d'introduire. En milieu rural, l'homme polygame se sent fortement valorisé par la richesse que lui apporte le travail agricole de ses épouses et de ses nombreux enfants. Et dans une ville comme Kinshasa, avoir plusieurs femmes est souvent perçu comme signe de réussite et de richesse.

119. MULUMA MUNANGA Albert, *Op. Cit.*, p. 176.

120. *Idem.*, pp. 175-176.

La notion de la procréation est un point qui met directement en conflit le mariage dit « union libre » et les coutumes matrimoniales congolaises. La confrontation se situe au niveau de la fécondité à assurer par la femme.

Pour être réellement efficace sur la notion du mariage, la nouvelle Constitution ne doit pas ignorer la question de la polygamie. Elle se doit de dé-masculiniser les mentalités et de prendre en compte la réalité traditionnelle congolaise qui met d'abord en valeur la régénérescence physique, la fécondité, la procréation et la richesse. La famille est l'unité de production et de consommation caractérisée par la notion de parenté qui s'étend à travers les concepts de lignage, clans et tribus. Ceci n'exclut pas qu'objectivement la mentalité traditionnelle congolaise se remette en question et se laisse éclairer par la vision de la nouvelle Constitution.

Avoir des enfants est une fierté au Congo, une continuité de la descendance, une bénédiction. En manquer est très mal vu : un couple stérile est marginalisé et fait l'objet de critiques des mauvaises langues. Voilà pourquoi le mariage traditionnel suppose toujours la procréation, la fécondité. Mais à notre sens, faire de la fécondité la condition des possibilités de l'union entre un homme et une femme c'est faire obstruction sur le fondement même du mariage qui ne peut être que l'amour sans condition de l'homme envers sa femme et vice versa. Le mariage sous condition de la procréation est une contrainte qui entrave le libre consentement des couples.

Il n'est donc pas déraisonnable d'essayer de saisir ce qui constitue l'essentiel de l'exclusion de la femme stérile : le ventre infécond est une malédiction de la nature qui ne sert qu'à faire disparaître le nom des ancêtres et la perpétuité du clan. Le nom que les Bantous (population majoritaire en République Démocratique du Congo) accordent à leurs enfants est un signe de résistance contre la mort. La femme stérile est prédestinée à être oubliée après sa mort : elle est un non-être social. Les Mosi (qui sont des Bantous que l'on retrouve en Tanzanie et en République Démocratique du Congo), nous dit Louis-Vincent Thomas, tiennent à la perpétuité de leur descendance :

« La fécondité semble constituer l'une des valeurs fondamentales de l'éthique mosi pour qui la stérilité va « à l'encontre de l'ordre cosmique ». Avoir des enfants et les garder vivants est un idéal auquel tous aspirent. »[121]

Les Mosi comme tous les autres Bantous, se servent de la procréation comme moyen par excellence de se prémunir contre la mort éternelle. Dans la croyance bantoue, les enfants constituent l'expression de la vie après la mort des géniteurs. Chaque naissance donne lieu à des célébrations grandioses dans la famille. L'enfant accomplit l'extension du clan et de l'être. Des auteurs comme Dominique Zahan conçoivent l'enfant dans la pensée bantoue comme la répétition de l'histoire de l'espèce :

« L'enfant est médiateur sur le plan social : il est le trait d'union entre oncles maternels et paternels, entre générations, entre ancêtres et vivants, entre ses propres parents et ses grands parents. Mais il est médiateur encore à titre bien plus profond : il représente en effet l'état inchoatif de l'humanité : il est l'être humain considéré en ses origines, en ses débuts. Chaque enfant répète pour ainsi dire l'histoire de l'espèce. »[122]

Alors qu'ailleurs, dans d'autres cultures, on comprend que des couples fassent le choix de ne pas avoir d'enfants, chez les Bantous, le mariage n'est reconnu par les deux familles qu'à la naissance des enfants. C'est encore le cas de nos jours. La sexualité n'est pas d'abord un acte individuel. C'est avant tout un acte social qui concerne tout le clan. Un mariage coutumier chez les Bantous ne repose pas essentiellement sur l'amour mais sur la fondation d'une famille. Un mariage sans enfant est inconcevable dans la tradition bantoue. L'union entre l'homme et la femme suppose et vise à assurer la fécondité. Et si cette exigence n'est pas satisfaite, l'union est appelée soit à se dissoudre, soit à trouver remède. Le manque d'enfants dans un couple ouvre la voie à la polygamie. L'homme

---

121. THOMAS Louis-Vincent, *La terre africaine et ses religions. Traditions et changements*, Paris, L'Harmattan, 1980, p. 31.

122. ZAHAN Dominique, *Le feu en Afrique, culture et cosmologie*, Paris, l'Harmattan, 1995, p. 31.

acculé par les siens cherchera une seconde épouse pour s'assurer une progéniture. Un mariage stérile est un désastre qui se termine malheureusement soit par un divorce soit par un deuxième mariage qui crée un foyer polygame.

En cette matière, encore aujourd'hui chez les Bantous, c'est l'homme qui décide. Concernant la descendance, l'avis de la femme ne compte pas. La polygamie vécue comme recherche de progéniture ne choque pas. Elle donne à l'homme le droit de prendre une deuxième, puis une troisième épouse pour laisser une descendance. Ceux qui ont beaucoup d'enfants apparaissent dans la mentalité bantoue comme des parents véritablement accomplis. Dans le milieu rural, les enfants constituent une main d'œuvre gratuite pour les parents. Ils assurent l'avenir sur le plan économique et confèrent du prestige et surtout de la considération sociale à leur papa.

La polygamie ainsi ignorée par la Constitution de la République Démocratique du Congo prouve à suffisance combien notre société reste marquée par le patriarcat, et comment la classe politique est elle-même embarrassée par cette question. L'égalité hommes/femmes ne se traduira dans les faits que le jour où les hommes qui détiennent les clefs du pouvoir accepteront de remettre en cause les droits qu'ils se sont octroyés par la tradition et la coutume.

Le droit des parents sur l'enfant

Il ne s'agit pas ici de la garde alternée de l'enfant par les parents divorcés. Nous voulons aborder brièvement un fait qui n'est rien d'autre qu'une construction de notre société largement plongée dans le patriarcat qui prive les femmes de leurs droits sur les enfants. Alors que les femmes consacrent toute leur existence à élever les enfants avec affection et dévouement, elles n'ont en réalité aucun ou peu de droits vis-à-vis de leurs enfants. La dot est versée au père de la fille ou au frère de la mère de celle-ci suivant le régime d'appartenance patrilinéaire ou matrilinéaire de l'enfant.

La vérité est celle-ci : dans les deux régimes, les hommes sont les seuls à contrôler les droits des enfants au détriment des femmes :

> « *Les droits du père sur l'enfant diffèrent d'une société à l'autre. Dans le régime matrilinéaire, les droits de la mère, ou plus exactement du frère (Fr) de la mère (Me), sont d'usage courant.* »[123]

Les droits des parents sur les enfants reviennent de fait au père dans une société patrilinéaire. À l'opposé, dans la société matrilinéaire, ce n'est pas la mère, mais son frère qui détient le pouvoir. L'oncle maternel est le chef, c'est lui qui détermine et oriente les activités du clan, il veille sur tous les membres de son groupe. C'est lui qui marie ses neveux et ses nièces. Envers son oncle maternel, l'enfant éprouve le même respect qu'envers sa maman. Tout est fait en sorte que la femme soit dépendante de l'homme et se sente dans l'incapacité de prendre toute initiative sans le secours de celui-ci.

Derrière ce qui peut paraître comme une complémentarité homme/femme, frère/sœur, mari/épouse se cache un processus sociétal d'infériorisation de la femme :

> « *C'est dans les relations frère-sœur et femme-mari que la société situe la nécessaire complémentarité de l'homme et de la femme. La division du travail entre les deux sexes fait en sorte que la femme sans l'homme, que ce soit le mari ou le frère, est une personne démunie.* »[124]

Il n'y a pas complémentarité homme/femme, frère/sœur, il y a une peur injustifiée de promouvoir l'autonomie de la femme à travers les droits versés directement à celle-ci par la dot. A notre avis, il y a ici une injustice profonde à l'égard des femmes. Elles donnent la vie, elles protègent les enfants et au bout du compte elles n'ont pas les mêmes droits que leurs maris sur eux. Dans les mentalités

---

123. MULUMA MUNANGA Albert, *Op. Cit.*, p.176.

124. VERBEEK Léon, *Contes de l'inceste, de la parenté et de l'alliance chez les Bemba (RDC)*, Paris, Éditions Karthala, 2006, p. 28.

des Congolais et Congolaises, le droit coutumier est plus fort que la Constitution.

D'après Natacha Ordioni, une enquête menée par le ministère congolais des Affaires sociales et l'UNICEF (1999) révèle que :

« 62% des Congolaises sont mariées sous des régimes coutumiers. L'épouse ne dispose alors d'aucun droit ni recours en cas de répudiation, de divorce ou de décès du père, et ses enfants se voient le plus souvent confiés à la garde de la famille paternelle, conformément au processus de segmentation des lignages. L'enquête révèle encore concernant la RDC que la méconnaissance du droit écrit et la représentation négative qui l'entoure poussent les femmes à recourir au droit coutumier dans une proportion de 70% pour résoudre les conflits. »[125]

Le droit coutumier a une grande influence sur le quotidien des Congolais et Congolaises parce que nos traditions font intervenir le monde tant visible qu'invisible dans l'application des sanctions, quand les règles de vie sont transgressées. C'est une vision englobante du monde qui inclut les ancêtres, les vivants et les enfants à naître. A la base du patriarcat, les hommes ont réussi à faire admettre aux femmes, par le biais de la coutume et de nos traditions, que les droits presque exclusifs qu'ils se sont octroyés sur les enfants viennent des ancêtres. Ces derniers ne sont pas morts, ils veillent sur l'harmonie des vivants. Il y a la vie après la mort. Il faut être quelqu'un de bien pour vivre dans l'au delà, sinon être condamné à errer sur terre.

Les femmes, en ville tout comme en campagne, émettent des réserves pour faire évoluer leurs droits bafoués ou confisqués par les hommes, à part quelques unes ça et là qui prennent des initiatives individuelles ou dans des associations féminines pour faire bouger les marges.

D'autre part, il y a une faiblesse dans l'application des sanctions prévues par la nouvelle Constitution contre les atteintes sur le genre à l'encontre des femmes. Toute loi est inefficace

---

125. ORDIONI Natacha, *Op. Cit.*, pp 93-106.

lorsqu'elle ne prévoit pas des sanctions exemplaires contre toute personne qui l'ignore. Les textes sont là et, tant que l'absence de parité et d'égalité ne seront pas condamnées, les femmes seront toujours sous estimées par les hommes. En outre, dans une société congolaise encore dominée par l'oralité, la Constitution (droit écrit) souffre d'un manque de vulgarisation et d'appropriation de celle-ci, alors que le droit coutumier est connu par les responsables de chaque clan, tribu et ethnie qui veillent à le préserver. La coexistence de ces deux ordres juridiques n'est pas favorable aux femmes.

Le caractère culturel de l'accès à la terre par le mariage.

Il s'agit ici de dénoncer les désavantages qui découlent de l'exclusion des femmes congolaises des possibilités dont jouissent les hommes quant à l'accès à la terre. Il convient de mettre à jour les discriminations qui réduisent l'accès des femmes à la terre et de montrer comment le mariage sert encore à leur subordination. La faible représentation des femmes en politique rend très complexe la résolution du problème. Entre temps, les inégalités issues du patriarcat et du droit coutumier continuent à rendre difficile le libre accès au titre foncier pour les femmes. Natacha Ordioni nous fait part de ces inégalités :

> « *La subordination des femmes est également en relation directe à leur dépendance matérielle. En Afrique subsaharienne, le droit coutumier ne reconnaît pas les mêmes droits d'accès à la terre aux deux sexes (Goody, 1976 ; Boserup, 1983). Quand la transmission des terres est patrilinéaire, les femmes sont exclues de l'héritage foncier, et même leur droit d'usage est conditionné par leur statut matrimonial. Les femmes ne bénéficient le plus souvent que d'un droit d'usufruit sur la terre de leur époux.*
>
> *Une seconde disposition contribue à exclure les femmes de l'accès à la terre : en RDC ou en Namibie, la femme a un statut officiel de mineure et doit obtenir l'autorisation préalable de son conjoint avant de conclure un contrat. Les normes juridiques étant encore dominées par des principes relevant du droit coutumier, elles contribuent de facto*

à exclure les femmes de la propriété des terres. Aussi les agricultrices produisent 80 % de la nourriture de l'Afrique subsaharienne, et ne possèdent que 1 % des terres. »[126]

L'accès à la terre pour les femmes est encore lié au mariage. Il n'est pas rare de voir en RDC ce droit retiré par le veuvage. Après le décès du mari, la femme et les enfants sont souvent dépouillés des biens et de la maison comme quoi même le droit d'usufruit dont bénéficient les femmes s'arrête dès que la mort emporte le mari ou dès que le couple se sépare dans le cas de divorce.

II.5. La valeur du travail féminin en République Démocratique du Congo

En République Démocratique du Congo, comme partout ailleurs dans le monde, les femmes ont toujours travaillé. En ville tout comme en milieu rural, elles contribuent énormément à la bonne marche des foyers et à la croissance de l'économie du pays. Le travail est bon pour la santé et pour la reconnaissance sociale. Nous tenterons d'exposer ici des données de nature culturelle qui poussent à la discrimination des femmes par rapport au travail et qui rendent visibles les inégalités sociales. Au Congo, il y a d'un côté ceux qui sous estiment le travail féminin en refusant de lui donner une juste reconnaissance, et de l'autre ceux qui empêchent les femmes d'avoir une activité professionnelle rémunérée parce que la société veut les confiner au foyer. L'accès des femmes au salariat dérange certains hommes.

On peut encore constater des réticences aujourd'hui comme le prouve l'entretien avec le couple Jérôme, 61 ans, et Marie, 58 ans:
« - Florent-Alain BIKINI : *Si vous étiez plus jeunes, accorderiez-vous la chance de travailler à votre épouse?*

- Jérôme : *Ma femme n'a plus l'âge de trouver un emploi. Elle se débrouille juste à la maison en vendant le charbon de bois. Mais si nous étions jeunes, je n'accepterais pas. Beaucoup de femmes qui travaillent se prostituent ou sortent avec leurs chefs. -* Marie : *ce n'est pas bon que la*

---

126. ORDIONI Natacha, *Op. Cit.*, pp 93-106.

femme mariée travaille chez quelqu'un. Il y a beaucoup de
tentations. Nous voyons cela avec nos jeunes filles. »[127]

On relève encore par-ci par-là, des comportements individuels hostiles à l'emploi des femmes. Pour beaucoup de femmes, le travail professionnel rémunéré reste une conquête historique. Nous allons évoquer comment le genre est instrumentalisé en défaveur de la visibilité du travail des femmes. En milieu rural, l'agriculture souvent intimement liée à l'espace domestique est le secteur le plus important de l'emploi des femmes. Avant de passer à ce qui constitue l'essentiel du travail des femmes en ville, nous allons nous attarder sur ces deux points : les femmes dans l'agriculture et le travail des femmes dans l'espace domestique.

II.5.1. Les femmes dans l'agriculture. Le cas des provinces du Nord et du Sud-Kivu.

Nous avons choisi de parler des provinces du Nord, du Sud-Kivu et du Maniema situées à l'est du pays. Cette région agricole est peuplée de manière dense. Située en altitude, elle est à l'abri de la maladie du sommeil, se prête à l'élevage bovin. Son sol et son climat sont favorables aux cultures à forte valeur ajoutée comme le thé, le café et la quinine. Les femmes des campagnes de cette partie du pays ne sont pas seulement inférioriées par le travail, mais surtout par la guerre, qui se livre sur leur corps avec pour arme principale les viols à répétition. Nous allons nous appuyer sur les écrits de Colette Braeckman qui viennent mettre en musique ce que nous avons observé depuis des années au Congo et qui ne semble pas encore évoluer, à savoir : les femmes sont les véritables piliers de la famille. De plus en plus elles ne doivent compter sur personne pour pouvoir nourrir, vêtir et éduquer leurs enfants. Elles travaillent toujours davantage pour subvenir à tous ces besoins.

Le Congo est dans une période d'instabilité qui n'a que trop duré. Tout a commencé par la déconfiture de l'industrie et l'arrêt de l'aide internationale avec pour conséquences des scènes de pillages partout dans le pays, détruisant par ci par là les petites et moyennes

---

127. Extrait de l'entretien entre Florent-Alain BIKINI et le couple Jérôme et Marie le 8/8/2013 dans la commune de Mont-Ngafula à Kinshasa.

entreprises qui soutenaient encore la fragile économie du pays au crépuscule du règne de Mobutu dans les années 1990. Puis s'en est suivie la guerre à l'est en 1997. L'instabilité économique remonte à la zaïrianisation et s'est accentuée à l'instauration du multipartisme par Mobutu. Sa promesse de relance économique avait tourné à la catastrophe. David Van Reybrouck renchérit :

> « A la fin de 1974, il passa à la « radicalisation ». Les entreprises souffreteuses furent rachetées par l'État. Elles pouvaient ainsi continuer à générer des revenus, qu'il pouvait utiliser pour conserver ses amis. Les conséquences sociales furent à l'avenant. Mobutu était aussi brillant communicateur que piètre économiste. Le fiasco de la zaïrianisation fit augmenter le chômage. »[128]

La zaïrianisation, c'était de la mauvaise gouvernance, une malhonnêteté qui consistait à dépouiller les propriétaires expatriés de leurs entreprises et à confier leur gestion aux proches du pouvoir. Avec la mauvaise gestion, la situation devint intenable. L'instabilité économique était spectaculaire. Tout le processus de zaïrianisation contribua à alimenter l'inflation et la fermeture des entreprises tombées en faillite. Dès le milieu des années 1980, le Fonds Monétaire International (FMI) et la Banque Mondiale, désireux de réduire les dépenses publiques et le recouvrement des fonds imposèrent la rigueur à travers la Politique d'Ajustement Structurel (P.A.S). Le Zaïre de Mobutu, nous renseigne Colette Braeckman,

> « Fut ainsi l'un des premiers pays d'Afrique à mettre en œuvre les mesures d'ajustement structurel. »[129]

Ce fut un véritable fiasco. Les conséquences sociales issues des mesures d'austérité furent déplorables : Les patients et parents allaient être obligés de payer leurs soins pour les premiers et la scolarité de leurs enfants pour les seconds. Quant à la situation sociopolitique, elle se résume comme suit : cinq ans d'instabilité de l'indépendance jusqu'à la prise de pouvoir par Mobutu par coup d'état militaire (1960-1965). Son règne sera marqué par trente deux ans de mauvaise gestion (1965-1997). Les régimes Kabila père et fils

128. Van REYBROUCK David, *Op. Cit.*, p. 384.
129. BRAECKMAN Colette, *Op. Cit.*, p. 23.

sont marqués par dix-sept ans de guerre civile de 1997 à nos jours. Cette longue période d'instabilité a pour premières fausses notes l'exploitation abusive des minerais du pays et surtout l'utilisation des femmes comme champs de bataille.

Les femmes devenues prisonnières de différentes bandes armées ont été les premières victimes d'enlèvements et de viols à répétition. Colette Braeckman nous livre ici une part du calvaire qu'ont subi ces femmes :

> « *Leurs récits sont hallucinants : non seulement elles ont été victimes de viols à répétition, mais elles ont subi des traitements d'une cruauté extrême. Des bâtons, des bouteilles, des couteaux ont été enfoncés dans leur vagin. Parfois, après le viol, des coups de feu ont été tirés, il y a eu des brûlures, des explosions. Beaucoup sont gravement mutilées, toutes souffrent de fistule, où l'appareil génital étant détruit, tous les flux se mêlent dans la même incontinence, la même puanteur. A leur souffrance physique s'ajoute l'humiliation : la plupart de ces femmes sont repoussées par leur mari. Dégoûtées et déprimées, elles sont rejetées par leur communauté. C'est sur elles, les victimes, que repose tout le poids de la faute, toute la rancœur de leur groupe social agressé.* »[130]

Le chômage des hommes, qui pourvoyaient tant soit peu aux besoins de la famille, et leur enrôlement de force dans les différents groupes armés n'ont fait qu'augmenter les difficultés dans de nombreux ménages et durcir le coût de la vie avec pour conséquence l'intensification du volume de travail des femmes qui s'évertuent à trouver les moyens nécessaires pour venir en aide aux hommes et aux enfants. Dans son ouvrage récent sur le Congo, Colette Braeckman rapporte ce qu'un paysan assurait bien plus prosaïquement:

> « « *Nos femmes, ce sont nos tracteurs.* », *Aujourd'hui comme hier, ces femmes, petites et minces, gravissent les collines en portant jusque deux fois leur poids. Leurs yeux sont étirés par une sangle qui soutient une hotte reposant*

130. BRAECKMAN Colette, *Vers la deuxième indépendance du Congo*, Bruxelles, Le Cri, 2009, pp. 189-190.

entre les épaules. Lorsqu'elles entament une pente, les femmes marchent penchées et leurs corps forment un angle aigu avec le sentier. »[131]

Les femmes travaillent beaucoup, jusqu'à être comparées à des tracteurs. La situation de guerre qui dure, met en lumière la faiblesse des revenus dans les familles et fait reposer sur les femmes la recherche du supplément. Dans un autre ouvrage Colette Braeckman nous donne une idée du poids que les femmes transportent au jour le jour :

> *« Les fardeaux peuvent peser jusqu'à 50 kilos, plus que le poids de ces femmes chétives toujours accompagnées de leurs enfants en bas âge.»[132]*

Elles travaillent la terre sans se lasser pour y cultiver le maïs, le manioc, les pommes de terre, la banane, l'arachide…elles reviennent de la forêt ou de la savane chargées de fagots de bois de chauffe, de champignons, de bidons d'eau, de légumes pour nourrir la famille. Ces kilos à porter au retour des champs est le domaine incontestablement réservé aux femmes :

> *« Immuable par contre était la taille des fardeaux que, dès huit ans, les filles devaient apprendre à porter. »[133]*

La jeune fille, parfois au détriment de sa scolarité, est ainsi conditionnée dès son jeune âge pour apprendre à transporter de lourdes charges afin de mieux servir les hommes. Plus un travail est dur, infériorisant et répétitif, mieux il vaut pour les femmes. La question que nous nous posons par rapport à la place des femmes en milieu rural est la suivante : est-ce que l'agriculture qu'elles pratiquent représente un travail pour la couche masculine de la société? Peut-on réellement parler de travail ? Ne faut-il pas plutôt

131. BRAECKMAN Colette, *L'homme qui répare les femmes. Violences sexuelles au Congo le combat du docteur Mukwenge*, Bruxelles, Le GRIP, 2012, p. 13.

132. BRAECKMAN Colette, *Le dinosaure. Le Zaïre de Mobutu*, Paris, Fayard, 1992, p. 260.

133. BRAECKMAN Colette, *L'homme qui répare les femmes. Violences sexuelles au Congo le combat du docteur Mukwenge*, Bruxelles, Le GRIP, 2012, p. 14.

le percevoir comme le prolongement des corvées domestiques réservées exclusivement aux femmes ? Nous répondrons à notre question en deux temps. D'abord, choisissant de soutenir les femmes et tous les sacrifices qu'elles font, nous dirons que l'agriculture qu'elles pratiquent est un vrai travail pénible mais dévalorisé par le manque de reconnaissance des hommes et sa vraie valeur productive occultée par les économistes.

Même si elle génère quelques ressources financières, elle est d'abord destinée à la subsistance des membres de la famille. Les travailleuses ne gagnent pratiquement rien en dehors de la prise en charge de leurs maris et de leurs enfants. Cette activité laborieuse non rétribuée est ensuite pour les hommes, un processus d'exploitation et de subordination des femmes. Sylvie Brunel voit juste lorsqu'elle écrit :

> « *Le travail agricole est dévalorisé dans les mentalités au profit de la fonction publique. La conséquence de cette négligence agricole est une vulnérabilité accrue des femmes du monde rural.* »[134]

A travers la dévalorisation du travail agricole, se cache une logique d'infériorisation des femmes puisque c'est à elles que revient en grande partie la charge de subvenir aux besoins de la famille par l'agriculture vivrière. C'est tout un processus social de domination par le travail. Il consiste à déprécier le travail des femmes pour valoriser à l'opposé celui des hommes, et à occulter la rentabilité du secteur productif agricole dans les foyers.

> « *Au Kivu, qui n'est qu'un exemple parmi d'autres régions du Zaïre, le pouvoir traditionnel est resté très important. Lorsqu'il s'agira de cultiver les champs du mwami, le chef coutumier, d'y retourner la terre, ce sont les femmes que l'on enverra. Les hommes, eux, s'occupent des choses sérieuses : gagner de l'argent en espèces. Mais, bien souvent, il sera gaspillé.*
>
> *La véritable subsistance des familles repose ainsi sur les femmes. Il semblerait bien plus urgent de faire travailler les*

---

134. BRUNEL Sylvie, *Op. Cit.*, p. 72.

hommes, qui passent leurs soirées, sinon leurs journées, en
longues palabres, mais ces derniers ne sont intéressés que
par un travail rémunéré ; les activités « de subsistance »
*demeurent l'affaire d*es femmes. »[135]

Une logique de discrimination s'est installée par le travail agricole. Les hommes laissent aux femmes la partie non rémunérée, pénible et avilissante. Tout ce qui ne rapporte rien financièrement est réservé aux femmes à qui on impose non seulement la gratuité des services, mais surtout à qui les hommes ne veulent pas accorder d'autonomie pour les garder sous leur contrôle. De façon générale, les hommes sont les pourvoyeurs économiques exclusifs. L'indépendance des femmes est donc mal vue par ces derniers.

II.5.2. Le travail des femmes dans l'espace domestique en milieu rural

Il est difficile de comprendre que la famille, lieu par excellence de l'expression de l'amour conjugal, soit elle-même atteinte par le conditionnement des femmes, dès leur jeune âge, à s'attendre à de plus en plus de tâches ménagères. Elles sont considérées malheureusement comme des êtres à qui reviennent prioritairement toutes les charges domestiques. Nous retrouvons l'écho de notre affirmation dans les recherches de Roland Pfefferkorn sur les inégalités et rapports sociaux. Ce qui nous fait conclure d'emblée avant de parler des campagnes du Congo où la situation est beaucoup plus déplorable, qu'à des proportions différentes, selon que l'on habite la campagne ou la ville, il persiste encore des formes d'inégalités quant à la participation des hommes et des femmes au travail domestique.

En définitive on peut dire que les tâches les plus ingrates continuent à échoir aux femmes :
> « *Plus fondamentalement encore, en maintenant des*
> *rapports inégalitaires au sein de l'espace familial dans*
> *lequel se façonne très tôt l'identité sexuelle des individus,*
> *cette division renforce la construction de modèles masculin*

135. BRAECKMAN Colette, *Le dinosaure. Le Zaïre de Mobutu*, Paris, Fayard, 1992, pp260-262.

et féminin inégalement valorisés et valorisants, conduisant non seulement la plupart des jeunes filles à intégrer très tôt l'idée qu'en dépit de tout, l'essentiel des tâches domestiques – notamment les moins prestigieuses – leur reviendra en lot conjugal, mais encore à adapter en conséquence leurs ambitions scolaires et professionnelles. C'est bien en définitive aussi à l'intérieur des rapports conjugaux et familiaux, et sous couvert de l'amour, que continue à se reproduire, aujourd'hui comme hier, l'inégalité entre hommes et femmes et entre classes. »[136]

Les hommes congolais sont acteurs des rapports qui réservent aux femmes l'ensemble des tâches domestiques. Ces dernières, soit subissent ce traitement inégalitaire, soit l'acceptent au nom de l'amour. Dans les campagnes, les parents trouveront normal que la jeune fille exécute toutes les tâches ménagères en même temps qu'elle cuisine, alors qu'à côté les garçons passeront tout leur temps à jouer au foot. Ils attendront que tout soit terminé pour être servis souvent les premiers. Parfois il relève de l'obligation de la mère d'initier sa fille à bien accomplir les travaux domestiques pour en faire une bonne épouse demain. Une femme qui ne sait pas s'occuper de son foyer est une honte et une insulte pour sa mère. Soumises à des contraintes de la tradition, les femmes travaillent des journées entières dans la gratuité la plus absolue et sans la moindre reconnaissance de la part des hommes qui se sentent dans leurs droits d'avoir en face d'eux des êtres serviables.

Dans l'espace domestique en campagne, les femmes ne sont pas désœuvrées. Elles travaillent toujours davantage, mais pour ne rien gagner. Cet apport encore méconnu des spécialistes n'est pas comptabilisé dans l'économie du développement. Et pourtant on peut admettre avec Colette Braeckman que dans les campagnes congolaises :

« Les meilleures intentions du monde se traduiront toujours par un supplément de travail pour les femmes. Leur journée commence à l'aube et se termine au milieu de la nuit. »[137]

136. PFEFFERKORN Roland, *Inégalités et rapports sociaux. Rapports de classes, rapports de sexes*, Paris, La Dispute, 2007, p. 344.
137. BRAECKMAN Colette, *Op. Cit.*, p. 262.

Notre analyse sur le travail des femmes en milieu rural vient de mettre l'accent sur deux points : d'une part, la gratuité des services rendus dans l'agriculture vivrière et dans l'espace domestique et d'autre part, le refus de valoriser le rendement combien nécessaire des femmes pour la survie des familles. Le pouvoir des hommes sur les femmes ne tire pas son origine seulement de l'espace public, mais surtout au sein même de la famille nucléaire. Au nom de l'amour pour les hommes et pour les enfants, les femmes en milieu rural sont soumises aux contraintes du pouvoir traditionnel qui leur laisse comme une marque de destin toujours un surcroit de tâches à réaliser au sein du ménage.

Dans les villes, les Congolaises relativement dégagées du système coutumier, se battent comme elles le peuvent pour gagner leur autonomie. Mais, c'est toujours sur elles, plus qu'aux hommes qu'incombe la charge d'éduquer les enfants et de trouver de quoi manger pour toute la famille. Les données statistiques socio-économiques sont pratiquement inexistantes. Une enquête emploi, menée par l'Institut National de la Statistique, fournit une image détaillée des principales caractéristiques de l'activité et du chômage dans l'ensemble du pays. Elle nous permet d'identifier dans quel secteur d'activité les femmes congolaises se situent le plus en milieu urbain:

> « La couverture nationale de l'enquête permet de distinguer les activités informelles agricoles des activités non agricoles, ces dernières étant concentrées en milieu urbain. Elles proviennent à plus de 90% d'unités de production de moins de 6 personnes, dont 69% sont des auto-emplois. Le taux de salariat est ainsi le plus faible avec moins de 15%. Plus de la moitié des emplois informels non agricoles se trouvent dans le commerce et près d'un quart dans les services. La main d'œuvre du secteur informel est plus jeune : plus de 20% des actifs ont moins de 25 ans. Avec un niveau d'études moyen de 8 années, c'est aussi le secteur le plus féminisé puisque plus d'un actif sur deux à Kinshasa est une femme. »[138]

138. MAKABU MA NKENDA Timothée, MBA Martin, TORELLI Constance, « L'emploi, le chômage et les conditions d'activité en République Démocratique du

Comme nous le montre cette enquête, en République Démocratique du Congo, « le chômage global atteint 72% de la population active. »[139] Les femmes congolaises travaillent dans le commerce informel et dans les services autrement dit le travail du care, deux secteurs que nous allons brièvement analyser.

II.5.3. Le commerce informel des femmes à Kinshasa
« Le chômage est un phénomène urbain. Ainsi, un tiers de l'ensemble des chômeurs congolais sont kinois. »[140]

Les chômeurs Kinois tout comme ceux des autres villes vivent de la mobilisation du réseau de solidarité familiale, surtout grâce au transfert de fonds de la diaspora congolaise « Dans près de 95 % des cas, les inactifs sont pris en charge par leur famille. »[141]

D'autres survivent en se débrouillant dans l'informel, domaine qui crée de l'auto emploi et résorbe le chômage. Devant le salaire insignifiant de ceux et celles qui ont la chance de trouver un travail rémunéré, devant la déconfiture des industries extractives, mais surtout face à la suspension de l'aide internationale, une économie informelle est sortie du terroir. Le mode de fonctionnement de ce secteur permet au professeur Malikwisha Meni d'affirmer que l'ensemble de la société congolaise fonctionne de façon informelle :

> « Loin de satisfaire essentiellement les besoins des couches sociales déshéritées, l'économie informelle congolaise permet de satisfaire les besoins de la quasi totalité des couches sociales et surtout de celles qui sont bien situées politiquement, économiquement et socialement. On peut conjecturer que l'ensemble de la population congolaise fonctionne bien plus de façon informelle que de manière formelle. »[142]

Congo : principaux résultats de l'enquête 1-2-3, 2004-2005, Document de travail DIAL, DT, 2007-14, p. 8

139. *Ibidem*

140. MAKABU MA NKENDA Timothée, MBA Martin, TORELLI Constance, *Op. Cit.*, p. 7.

141. *Idem.*, p. 19.

142. MENI Malikwisha, « L'importance du secteur informel en RDC », in *Bulletin de l'ANSD* (Académie Nationale des Sciences du Développement, Volume I,

C'est une activité vitale et incessante, (non prise en compte dans les statistiques ni par le calcul du produit national brut). Avec les salaires dérisoires, cette économie informelle fait vivre la capitale. Chacun achète et revend à l'autre un service. Cela va de l'alimentation à la construction en passant par la cordonnerie, la location de chaises pour différentes réceptions(fêtes et deuils), et les offres Quado, nom donné par les habitants de Kinshasa aux réparateurs des pneus, casseroles, parapluies, catafalques. Colette Braeckman nous décrit ici l'ingéniosité extraordinaire des populations de Kinshasa pour faire face à la précarité :

> « *Dans les cités de Kinshasa, à Kintambo, Kimbaseke, Ngaba, sont apparus des maraîchers, des petits éleveurs. Des bijoutiers façonnent l'or ou le cuivre, des sculpteurs taillent l'ivoire, des artistes subsistent en fabriquant des faux cachets, des enseignes de magasins, des portraits plus vrais que nature. A Kinshasa, mais aussi à Kisangani, à Lubumbashi, dans ces villes où se trouve désormais 40% de la population, règne une activité incessante.*»[143]

La société congolaise s'organise tant qu'elle peut pour faire face à la pauvreté. Même si l'on y trouve des hommes, l'informel est le secteur le plus féminisé de la capitale. L'économie informelle est même appelée, « celle des femmes ou des pauvres de la cité. »[144]

Comme en milieu rural, l'activité de subsistance pèse sur les femmes. À Kinshasa la capitale, c'est encore elles qui supportent la pyramide familiale. Elles pratiquent le commerce informel pour pouvoir compter sur elles- mêmes financièrement et se sentir indépendantes. A Kinshasa, le commerce informel a pris une telle ampleur qu'on a l'impression de se trouver devant un marché dans chaque rue. Dans les quartiers les plus pauvres de la capitale, tout le monde vend quelque chose à tout le monde.

Kinshasa, Décembre-Janvier 2000-2001, pp. 21-40.
143. BRAECKMAN Colette, *Le dinosaure. Le Zaïre de Mobutu*, Paris, Fayard, 1992, pp. 266-267.
144. BRAECKMAN Colette, *Op. Cit.*, pp. 266-267.

La survie des familles dépend énormément de cet échange des biens et services les plus élémentaires et les plus utilisés que les femmes proposent au quotidien. La conquête de l'autonomie passe par la maîtrise des ressources financières, domaine longtemps réservé aux hommes : « Elles ont leur petit commerce, elles tiennent des ngandas, petits cafés de quartier. »[145]

Dans une rue, une famille vendra du sucre et du pain, une autre du sel et du savon, une troisième de la farine de manioc et des légumes, une quatrième de la bière et des cigarettes et une autre proposera des médicaments vendus à la sauvette ou offrira des services d'appels téléphoniques payés à la minute à ceux qui ne peuvent pas se procurer un abonnement. Les femmes kinoises, un peu moins soumises (que leurs consœurs du monde rural) aux contraintes de la tradition et relativement dégagées du poids du système coutumier, essaient tant bien que mal de gagner leur autonomie. Devant le sentiment de ne pouvoir compter sur personne pour nourrir leurs enfants, elles tentent de s'organiser et de redresser la tête :

> « Les femmes, toujours elles, se débrouillent pour s'approvisionner dans les villages et pour réaliser quelque bénéfice sur les marchés de la ville. Les plus entreprenantes font la traversée de Brazzaville, de l'autre côté du fleuve, d'où elles rapportent une monnaie forte, le CFA. »[146]

Pour nous, loin d'être une stratégie pour survivre, le secteur informel est tout d'abord une forme de désobéissance civile. La crise pousse tout le monde à chercher à tirer ses revenus de quelque part. Les hommes désobéissent à l'État qui est incapable de créer des emplois pour donner du travail aux chômeurs. Ceux qui travaillent sont aussi dans l'informel sans le déclarer parce qu'ils ne peuvent pas vivre des bas salaires qu'ils perçoivent. Les femmes sont dans l'informel, pour contourner le système patriarcal qui a longtemps donné aux seuls hommes le monopole du contrôle des ressources financières. Pour nous, l'éducation est un bien social, et non pas un fond de commerce ni un domaine prioritairement réservé aux

145. BRAECKMAN Colette, *Op. Cit.*, p. 262.
146. *Idem*, p. 268.

hommes. Pour les femmes, le recours à l'informel, vient pallier leur manque de qualification. Le maintien des femmes majoritairement dans l'informalisation de l'économie tient au fait de leur faible niveau d'instruction. Le Congo fait face à « une très forte proportion de femmes et un niveau scolaire plus faible. »[147]

C'est donc la conséquence des inégalités de chances à l'école entre filles et garçons qui pousse les kinoises à s'adonner au commerce informel pour gagner leur autonomie financière. Face à des frais scolaires et académiques de plus en plus élevés, il y a une discrimination sociale en défaveur de la formation des filles. Quand la famille, pour des raisons diverses doit sacrifier la scolarité d'un enfant, les filles sont les premières victimes. Les Congolaises continuent à subir la discrimination et la marginalisation notamment en matière d'éducation. Les femmes diffèrent c'est vrai, elles ne forment pas un groupe homogène. Toutefois, nous voulons dénoncer une forme d'exclusion qui s'appelle en RDC la moyenne sexuellement transmissible. C'est une pratique honteuse qui décrédibilise certains professeurs qui s'y adonnent.

Mais, c'est surtout un enfer pénible que vivent en silence les filles qui en sont des victimes. Du secondaire à l'université, certains enseignants exigent des filles des services sexuels pour leur permettre de passer en classe supérieure. Une façon de rabaisser les filles en faisant passer le message suivant : votre tête passe après, vous êtes prioritairement destinées à être des objets du plaisir sexuel masculin. Réussir son examen par le sexe suppose d'admettre son infériorité intellectuelle et de ne mettre en valeur que le charme féminin. Se diminuer pour réaliser la même ambition que les hommes, celle d'avoir des diplômes, finit par créer de la frustration sur le marché du travail.

Les perversions sexuelles qui s'installent timidement dans l'éducation en République Démocratique du Congo viennent affirmer l'inégalité hommes/femmes. Il y a d'un côté les notes obtenues par le mérite et de l'autre celles qui sont obtenues en échange de plaisir sexuel ce qui diminue la valeur du diplôme féminin sur le marché

147. MAKABU MA NKENDA Timothée, et alii, *Op. Cit.,* p. 39.

du travail. Les moyennes sexuellement transmissibles sont une contrainte que les filles subissent de la part de certains enseignants dans les écoles et universités. Ce phénomène n'est pas seulement une épine dans le système éducatif, mais il contribue malheureusement à dévaloriser les femmes. Les inégalités hommes/femmes sont structurelles. Malheureusement, même le monde scientifique n'y échappe pas au Congo. Le comble c'est que peu de voix s'élèvent pour dénoncer ce mal. Tout se passe dans une impunité totale:

> « Une illustration: Kinshasa, ville la plus urbaine de la République démocratique du Congo, est aussi la ville où il y a les plus grandes universités du pays. C'est dans cette ville que se sont développées les pratiques de «NST» (Notes Sexuelles Transmissibles). Certains non urbains venus étudier aux Universités de la ville ont été «obligés» de faire avec ces pratiques. Bongo-Pasi Moke Sangol et Tsakala Munikengi (2004, p. 106) sont plus clairs à propos: «...Le sexe se troque aussi parfois contre des points. Ce phénomène de déviance, qui n'est pas uniquement congolais, est excessivement courant à Kinshasa. (...) Les discours tenus par des étudiants sur leur réussite personnelle témoignent du fait que l'opportunisme qui sous-tend cette attitude pernicieuse se répand.» Cette pratique se banalise, avec un coût d'initiation quasi-nul et sans que les mesures contraignantes ne s'y opposent.»[148]

Le sexe qui se troque contre des notes n'est pas que phénomène de déviance. Il est surtout à notre avis une forme de perpétuation du système de subordination des femmes exigé dans l'espace domestique qui se voit transposé à l'espace scolaire et académique par les hommes. Il en résulte que les femmes qui visent la parité en faisant le même parcours universitaire et en obtenant les mêmes diplômes que leurs collègues masculins se voient malheureusement imposer une discrimination qui invalide leur mérite et leurs compétences intellectuelles. La pratique des moyennes sexuellement transmissibles gangrène plusieurs pays africains. Le journal Afrik.com dénonce le même phénomène dans

148. KODILA TEDIKA Oasis, « Anatomie de la corruption en République démocratique du Congo », in *MPERA Paper,* n° 43463, Janvier 2013, pp. 1-20.

le système éducatif gabonais. C'est une des causes qui font baisser le niveau scolaire des filles et qui fait le déshonneur du métier d'enseignant dans ce pays.

Pour surmonter ce fléau, le journal propose de sortir du silence et demande que l'État gabonais s'implique:

> « *Le personnel administratif et les responsables des établissements scolaires doivent se mettre à l'écoute des jeunes filles et s'atteler à les protéger en cas de harcèlement sexuel. Beaucoup de filles souffrent en silence dans les salles de classe et n'osent pas en parler car, par solidarité souvent du corps enseignant, les élèves n'ont jamais raison et pour avoir refusé un rendez-vous d'un enseignant, les filles risquent de se voir coller un faux motif valant une exclusion temporaire ou définitive. Afrik.com souhaite l'implication de l'État en matière de protection des jeunes filles en milieu scolaire par la création de bureaux d'écoute dans tous les établissements secondaires et universitaires du Gabon où les filles en situation difficile pourront se confier sans crainte.* »[149]*

Il faudra que les Etats africains prennent cette situation au sérieux. Il faudra qu'ils luttent fermement contre cette identification des femmes à une couche prolétaire sans compétences intellectuelles requises.

II.5.4. Services rendus aux familles/Travail du care/ travail des «bonnes».

Nous nous trouvons ici dans un domaine extrêmement complexe. En République Démocratique du Congo, le travail du care fait essentiellement partie des services rendus à la personne et aux familles en ville, par des filles souvent originaires des mêmes coins que leurs embaucheurs. C'est un système basé sur un lien d'interdépendance entre individus. La contribution de ces employées communément qualifiées de « bonnes » n'est soumise à aucune réglementation. Leur identification à de simples bonnes est

---

149. MBOG BATASSI Pierre-Éric, « Les moyennes sexuellement transmissibles frappent le Gabon », in Afrik.com du 5 Janvier 2008 consulté le 15 juin 2013.

d'ailleurs révélateur de l'exploitation dont ces filles (puisqu'elles sont majoritaires dans ce domaine), sont victimes.

Bonnes peut se traduire par machines à tout faire qui passent des journées entières à travailler. Pas de délimitation du travail à accomplir. Tous les travaux domestiques tombent sur leurs épaules : de la lessive à la vaisselle en passant par le repassage et les courses de la famille qui embauche, tout cela sans compter sur un salaire dérisoire ou simplement l'absence totale de ce dernier pour la simple raison que ces filles sont hébergées par leurs employeurs. Elles subissent parfois des sévices et sont souvent abusées sexuellement par leurs patrons. On signalera aussi quelques autres atteintes à la dignité humaine : torture, intimidation et privation de liberté sont monnaie courante.

Comme nous pouvons le noter avec Marguerite Rollinde, la famille sert de prétexte pour exploiter et enfoncer davantage des filles dépassées par la précarité :

> « En Afrique où le travail des « bonnes » n'est soumis à aucune réglementation et où l'on entend trop souvent des femmes, même parmi les intellectuelles et militantes, expliquer que ces enfants (il s'agit souvent des petites filles de 13 ou 14 ans, voire plus jeunes), font partie de la famille et qu'elles les accueillent par pure bonté d'âme, ce qui ne les empêche pas de les faire travailler sans aucun horaire et il n'est bien entendu pas question de les envoyer en classe avec les enfants de la famille. »[150]

Il existe très peu de maisons de retraite et de centres d'accueil pour vieillards en République Démocratique du Congo. L'État s'est presque désengagé dans ce domaine. Les seules structures existantes de protection de l'enfance et de prise en charge des personnes âgées ont été mises en place par les missionnaires européens. Dans l'ensemble du territoire national ces personnes sont placées dans

---

150. ROLLINDE Marguerite, « espace domestique, espace politique, espace économique : le genre franchit les frontières », in *Genre et changement social en Afrique*, Paris, Éditions des archives contemporaines, p. 5.

des familles qui font souvent appel à des bonnes pour s'en occuper. Comme les arrangements se font entre les nantis de la ville et les pauvres des campagnes sous le label de bonté d'âme, il est difficile pour ces jeunes filles de dénoncer tous les dérapages. C'est le silence qui règne en maître. Nous constatons quelques ressemblances entre « les bonnes » des campagnes qui se mettent au service des femmes disposant de ressources économiques en ville, et les filles des villes immigrées en Europe qui se mettent au service de bourgeoises du pays d'accueil.

Un certain réalisme s'impose désormais aux Etats africains: plus ils voudront se moderniser, plus ils devront cesser de vivre comme par le passé et de revendiquer les valeurs dont ils s'éloignent de plus en plus. Nos Etats doivent construire des infrastructures médicalisées pour héberger les personnes âgées et isolées. Les valeurs comme l'entraide familiale dans la garde des personnes âgées à domicile, bien que nobles, semblent à notre avis peu adaptées à l'évolution de la société actuelle. Sinon l'on continuera à sacrifier l'éducation des filles d'origine modeste pour qu'elles s'attellent à s'occuper des enfants et des personnes du troisième âge des familles nobles.

L'Afrique bat le record du pourcentage élevé des femmes adultes analphabètes. Deux tiers des femmes dans les campagnes ne savent ni lire ni écrire. Dans le monde rural, les femmes continuent à vivre comme leurs mères : faible scolarisation des filles et surtout avec des taux de natalité qui restent très proches de leurs hauts niveaux historiques : de 6 à 8 enfants par femme. La pauvreté des femmes et leur quasi refuge dans le travail du care tiennent à mille choses. Tant que les Etats ne favoriseront pas l'accès à l'éducation des femmes dans le monde rural, la pauvreté de celles-ci exprimée par le travail du care en ville ne pourra que s'accentuer. La faible scolarisation des filles est un facteur aggravant de la féminisation de la pauvreté. Le travail du care tel que pratiqué dans les arrangements entre familles n'éradique pas la misère mais aggrave la précarisation des filles. Il n'est point question d'envisager ce travail en termes de solidarité entre famille. On est là, à notre avis dans une forme d'exploitation moderne des personnes vulnérables par ceux qui ont plus de moyens:

> « *Le poids des pratiques traditionnelles et des résistances culturelles, encore très lourd en milieu rural : elles font des femmes des « usines à enfants » dès qu'elles sont mariées (souvent à des hommes beaucoup plus âgés, ceux qui peuvent payer la dot) et limitent les pratiques contraceptives.* »[151]

Tant que les Etats d'Afrique subsaharienne ne s'engageront pas dans une voie de développement qui prenne en compte les conditions des femmes des campagnes, ces dernières verront leurs vies s'arrêter par les mauvais traitements que tout le monde feint d'ignorer. Dans une société qui se veut moderne et qui est marquée par tant de changements et d'incertitudes, on ne peut pas continuer à oublier la marginalisation des filles des campagnes par rapport à leur accès à l'éducation et ne leur laisser pour issue que de devenir des bonnes à tout faire dans nos villes. Autrement dit, il conviendrait de lutter contre l'analphabétisme et l'illettrisme. L'éducation est la meilleure façon d'émanciper les hommes et les femmes des pratiques qui ne sont pas conformes à leur dignité.

II.5.5 L'école et la scolarisation

La situation des « bonnes » pose de façon cruciale la question de l'accès à l'école et à la scolarisation. L'école est en effet une arme puissante qui nous permet de lutter contre les inclinations superstitieuses. Jean-Marc Ela voyait en l'école le meilleur moyen d'éveiller la conscience, de lutter contre l'arbitraire, de s'organiser autrement, d'éduquer :

> « *Doter les communautés d'instruments d'auto-défense, la pratique de l'alphabétisation devient un temps de réflexion sur les problèmes de santé, de nutrition, d'agriculture et sur les droits des gens. En même temps, l'école se transforme en centre d'animation globale pour les parents qui découvrent, comme dit un paysan, « qu'un village sans école est un village d'esclaves » Tout vise à « défataliser » les situations de malheur et à rendre à l'homme la force de la parole.* »[152]

151. BRUNEL Sylvie, *Op. Cit.*, p. 134.
152. ELA Jean-Marc, *Ma foi d'Africain*, Paris, Karthala, 2009, p. 31.

Bien que l'école soit un outil venu d'ailleurs, imposé par l'occupant, nombreux sont les Africains qui s'accordent à dire qu'elle est véritablement le seul moyen efficace de les libérer de certaines inclinations et servitudes du passé et de la tradition. Avec l'école, des personnes longtemps vouées à l'ignorance s'ouvrent à la connaissance et à la raison. Voilà au moins une bonne chose que l'occident a partagée avec nous.

Les parents qui peuvent payer l'éducation de leurs enfants s'investissent, mettent les moyens, croient à la réussite future de leurs enfants. L'école libère.

L'illettrisme n'est pas l'apanage de l'Afrique mais le nombre croissant de personnes qui ne savent pas lire et de celles qui n'ont pas accès à la lecture en fait un continent presque marginalisé, exclu des réalités du monde moderne.

De quel illettrisme s'agit-il et surtout quelle proportion occupe-t-il dans la vie des Africains ? Il est un des défis dont on parle moins mais, à notre avis, il est un des défis majeurs à relever, un problème qui assombrit et dégrade la vie dans le tissu rural et dans certaines zones urbaines en Afrique. Nous restons convaincus à la suite de Jean-Marc Ela et de Santedi que l'illettrisme reste un handicap majeur qui entrave et affecte le développement économique du continent noir :

> « Un des facteurs qui aggravent la crise socio-économique de l'Afrique est sans doute l'ignorance. 162 millions d'Africains, soit plus d'un tiers de la population du continent, sont totalement analphabètes. Une telle situation vicie plusieurs secteurs de la vie et entraîne diverses conséquences négatives… L'ignorance joue aussi dans le sous-développement mental et le recours à la sorcellerie comme unique mode d'explication des échecs, la peur morbide des esprits mauvais, la mentalité fétichiste…tous ces facteurs sont surtout le lot des milieux analphabètes. »[153]

---

153. SANTEDI Léonard, *Les défis de l'évangélisation dans l'Afrique contemporaine,* Paris, Karthala, 2005, pp. 45-46.

Dans certains pays d'Afrique comme la République Démocratique du Congo, cette situation ne fait qu'empirer. Le salaire des enseignants dans le public tout comme dans le privé est pris en charge par des parents qui sont eux-mêmes soit au chômage soit impayés depuis plusieurs mois. La scolarisation des enfants devient un luxe réservé aux nantis. Devant cette conjoncture où de plus en plus de nos concitoyens ne savent ni lire ni écrire parce qu'issus de familles modestes, il faut se rendre compte que des millions de personnes, notamment des femmes, ne sont pas seulement dépourvues du minimum vital mais, pire encore, privées de la parole le monde étant à l'ère de l'écriture.

Pour nous, comme pour Jean-Marc Ela, des signes de millions d'Africains en quête de liberté et de justice sont trop évidents pour ne pas attirer l'attention de nos dirigeants :

> *« Combien d'illettrés sont aujourd'hui paralysés par les peurs ancestrales et modernes dans ces sociétés où l'accumulation des connaissances nouvelles s'opère selon le modèle d'une culture élitiste ? Observons que l'ignorance ne se limite pas ici à celle de la lecture ou de l'écriture : elle s'étend au fonctionnement des institutions politiques, au mécanisme de l'économie, aux lois de la société. Devant les vexations multiples et les brimades aveugles dont elles sont victimes, les masses illettrées des campagnes africaines vont jusqu'à ignorer le droit qui les protège ».*[154]

Les acteurs politiques aujourd'hui ne peuvent plus fermer les yeux devant l'ignorance des masses qu'ils gouvernent. On ne peut plus revenir totalement à l'oralité car la volonté de moderniser l'Afrique se fait ressentir partout. L'alphabétisation des masses devient clairement une priorité, un besoin auquel la République Démocratique du Congo devrait faire face. En attendant des jours meilleurs, des millions de femmes sont privées des droits élémentaires par l'écriture. Charlemagne roi des Francs n'a pas vraiment inventé l'école mais il reste dans la mémoire collective comme étant, pensent certains historiens, celui qui a rendu

---

154. ELA Jean-Marc, *Le cri de l'homme africain. Questions aux églises d'Afrique*, Paris, l'Harmattan, 1993, p. 48.

l'enseignement accessible à tous. En Afrique, puisse un jour ce rêve devenir réalité ! C'est notre souhait. Dans le contexte actuel, il nous paraît injuste de priver de l'accès aux droits et à l'égalité celles et ceux qui n'ont pas la chance de mettre pied à l'école. Il faudra inventer une politique adéquate qui prenne réellement en compte ces marginalisés. La parité que nous revendiquons n'est pas celle de l'indifférenciation des sexes parce que biologiquement parlant, les hommes et les femmes sont différents. Nous sommes partisans de la déconstruction des inégalités structurelles et culturelles engendrées par le poids du patriarcat en République Démocratique du Congo.

II.6. Perspectives d'Avenir

Penser le développement avec les femmes

Pour repenser le développement du pays, les femmes doivent être mises au cœur des programmes anti-pauvreté. Le rôle et le statut des femmes sont d'ailleurs les meilleurs indices du potentiel de croissance et de développement d'une Nation. A la suite de Nicholas Kristof et Sheryl Wudunn, tous deux grands reporters au *New York Times*, nous pensons que les discriminations, d'où qu'elles viennent, n'ont pas à être admises comme des éléments figés et déterminants d'une société donnée :

> « *Si nous croyons fermement en certaines valeurs, comme l'égalité de tous les êtres humains, peu importe la couleur de leur peau ou leur sexe, nous ne devons pas avoir peur de les défendre. Il serait irresponsable d'accepter l'esclavage, la torture, le bandage des pieds, les crimes d'honneur ou l'excision par simple respect de la foi et de la culture d'autrui.* »[155]

Travailler à l'autonomisation des femmes et à leur émancipation économique effective est extrêmement difficile en République Démocratique du Congo. Ces questions touchent le cœur même des rapports patriarcaux. Elles choquent la culture et les structures familiales bien établies, elles bouleversent les coutumes.

---

155. KRISTOF Nicholas et WUDUNN Sheryl, *La moitié du ciel. Les femmes vont changer le monde*, New York, 2009, Poséidon Press, Paris, Éditions des Arènes, (Traduction française), 2010, p. 334.

Ne devrions-nous pas nous inspirer du Rwanda voisin, au départ caractérisé par sa société patriarcale et sa pauvreté, qui aujourd'hui, avec l'implication des femmes en politique et en économie nationale, affiche des taux de croissance incomparables :

> « *De cette terre infertile et machiste est né un pays où les femmes jouent désormais un rôle économique, politique et social important, dont tous les Rwandais tirent un énorme profit. Le Rwanda favorise l'autonomisation et la promotion des femmes – et c'est peut-être ce qui explique en partie qu'il affiche une des croissances économiques les plus rapides d'Afrique. A certains égards – si l'on excepte sa superficie -, le Rwanda est devenu la nouvelle Chine africaine... La Constitution stipule qu'elles doivent occuper au moins 30% des sièges parlementaires du pays.* »[156]

Renforcés par le modèle Rwandais plus proche de nous, nous savons avec bien d'autres exemples évidemment qu'aucune culture n'est immuable et que la transformer pour le bien de tous n'est jamais dysfonctionnement mais transformation et amélioration. Il est indéniable que les transformations qui commencent à prendre corps dans les couples congolais de l'agglomération de Strasbourg sont motivées par ce qu'Albert Muluma qualifie de psychologie sociale du nouveau milieu :

> « *La psychologie sociale s'attache à établir les conditions et le mode d'existence du groupe en tant que réalité psychologique en évolution à partir des individus qui s'y trouvent réunis. L'interaction et la communication deviennent les éléments essentiels.* »[157]

En plus de la lutte contre la pauvreté, l'ouverture aux idées nouvelles est ce qui pousse les Congolaises de l'agglomération de Strasbourg vers le désir de réussite. Nous ne pouvons pas leur nier la capacité de pouvoir œuvrer en vue de mutations profondes des pratiques et comportements au sein de leurs couples, c'est vrai, mais nous ne pouvons pas non plus sous-estimer que le fait déterminant des transformations actuelles est l'interaction avec la société d'accueil qui soutient la dynamique du changement.

156. KRISTOF Nicholas et WUDUNN Sheryl, *Op. Cit.*, pp. 340-341.
157. MULUMA MUNANGA Albert, *Op. Cit.*, p.126.

Notre développement passe par l'exorcisme de nos propres blocages, par la destruction de l'opinion dominante masculine et par la revalorisation de la place réservée aux femmes. Notre culture doit se réorganiser, penser l'avenir en termes d'interdépendance : quelles actions sociales pouvons-nous adopter aujourd'hui afin d'assurer à chaque Congolais et Congolaise sa part d'initiative et de créativité ? Le philosophe congolais KÄ Mana envisage l'existence humaine comme pouvoir de novation et comme principe de transcendance créatrice. Pour lui, la simple venue d'un enfant dans le monde montre à suffisance qu' :

> « Un nouveau commencement est toujours possible, qu'une nouveauté est toujours à attendre car l'homme lui-même est pouvoir de commencement. »[158]

Les choses nouvelles qui transforment les rapports sociaux hommes/femmes en République démocratique du Congo en particulier et en Afrique en général ne sont pas une déstructuration de notre tissu social. Elles sont la preuve de la capacité humaine d'initiative et de créativité. Elles amorcent le processus d'un espace de liberté à inventer pour le Congo de demain.

Nous insisterons avec Nicholas Kristof et Sheryl Wudunn sur le pouvoir transformateur de l'instruction :

> « Un nombre incalculable d'études montre que la scolarisation des filles est l'un des moyens les plus efficaces de combattre la pauvreté. Souvent, elle est également indispensable pour permettre aux femmes de s'élever contre les injustices et de s'intégrer à l'économie. Aussi longtemps qu'elles ne sauront ni lire ni écrire, il leur sera difficile de créer des entreprises ou de contribuer significativement à l'économie de leur pays. »[159]

La tâche qui incombe aux responsables politiques du Congo actuel est de veiller à ce que l'éducation devienne effectivement un droit pour les enfants sans discrimination de sexe ni de classe

---

158. KÄ MANA, *L'Afrique va-t-elle mourir?*, Paris, Les Éditions du Cerf, 1991, p.21.
159. KRISTOF Nicholas et WUDUNN Sheryl, *Op. Cit.*, p. 281.

sociale. Même si l'impact de la scolarisation est difficile à estimer en termes de statistiques dans un pays très vaste comme la République Démocratique du Congo qui compte seulement 20 à 25% de routes praticables, la rigueur et la bonne volonté n'étant toujours pas au rendez-vous, nous restons néanmoins convaincus des vertus que l'instruction féminine apporterait à la prospérité de notre pays. Cette lecture ravive l'espérance de Nicholas Kristof et Sheryl Wudunn :

> « *Les arguments en faveur de l'instruction féminine restent très convaincants. Nous connaissons beaucoup de femmes qui, grâce à l'école, ont pu obtenir du travail ou créer une entreprise, et transformer leur vie comme celle de leur entourage. Plus généralement, il est admis que la prospérité que connaît l'Asie orientale depuis quelques décennies est due notamment à la scolarisation des filles et à leur intégration à la main-d'œuvre – un phénomène sans équivalent en Inde ou en Afrique.* »[160]

Instruire beaucoup de filles sur le sol congolais devrait les rendre rentables dans le long terme grâce à l'impact économique que ce capital humain, souvent laissé à la marge, contribuerait à créer. Devant une situation d'injustice face à leur accès à l'éducation, il nous faut ramener notre conscience sociale comme nation au fait que ce déséquilibre retarderait encore davantage notre développement économique.

II.6.1. L'activité professionnelle des femmes

Nous avons vu dans la première partie, comment la division sexuelle du travail réservait aux femmes les tâches peu valorisantes et souvent répétitives et ingrates. Le travail est donc le terrain sur lequel les hommes et les femmes s'affrontent pour d'un côté asseoir la domination et de l'autre rechercher l'autonomie et l'émancipation. Il est véritablement l'instrument par lequel les hommes ont longtemps assujetti les femmes. Dans bon nombre de couples rien n'est acquis d'avance pour elles. La simple décision de laisser son épouse aller travailler, même si elle n'est plus taboue, contrarie le mari.

---

160. KRISTOF Nicholas et WUDUNN Sheryl, *Op. Cit.*, p. 282.

Deux structures , le capitalisme et le patriarcat[161], nous renseigne Roland Pfefferkorn, ont utilisé le travail comme levier de domination. Aujourd'hui, les femmes se servent de la médiation du même outil pour se réapproprier ce qui leur a été confisqué :

> « *Le travail, est un levier essentiel de la domination. Mais si l'émancipation des femmes a connu des succès, depuis plus d'un siècle et surtout depuis les années 1960, il convient d'y insister, c'est aussi grâce au travail. C'est notamment à propos de la division sexuelle du travail ou de la reconnaissance de compétences considérées comme des « qualités » naturelles (qu'il n'était pas nécessaire par conséquent de payer à leur valeur) que les femmes sont parvenues à entrer en lutte, à mener des grèves, dès le XIXe siècle. »*[162]

Les Congolaises, par le commerce informel surtout, se saisissent du levier par lequel les hommes les ont infériorisées pour sortir de l'espace domestique et entrer dans la vie publique, pour se mobiliser et se mettre à la conquête de leur émancipation. Aujourd'hui dans le monde, la reconnaissance sociale passe par le travail. Une ligne de démarcation s'est établie entre ceux qui travaillent et les chômeurs ou les personnes en recherche d'emploi.

Il y a d'un côté ceux qui font tourner l'économie du pays et de l'autre ceux qui vivent aux dépens de la sueur des autres. Il devient pénible de s'afficher comme chômeur aujourd'hui. Du coup, comme nous le dit Roland Pfefferkorn, le travail participe en France à la construction de l'identité féminine :

---

161. Pour Roland PFEFFERKORN, le concept de capitalisme en tant que système de production est à l'origine de l'élaboration du concept de patriarcat qui vise à rendre compte du fait que les hommes, en tant que groupe social, détiennent toujours le pouvoir sur les femmes malgré les changements intervenus au cours du XXe siècle. PFEFFERKORN Roland, Inégalités et rapports sociaux. Rapports de classes, rapports de sexes, Paris, La dispute, 2007, p. 242.
162. PFEFFERKORN Roland, *Genre et Rapports sociaux de sexe*, Lausanne, Éditions page deux, 2012, pp.117-118.

« *Le travail des femmes est devenu un fait social massif.* *Il est désormais inscrit fortement dans la réalité sociale et tout semble indiquer qu'il est devenu un phénomène irréversible.* »[163]

Le travail des femmes, phénomène irréversible en France, relève encore du domaine de la conquête au Congo. Certes le travail est un levier important d'émancipation qui libère, qui autonomise, qui est bon pour la santé. Mais faut-il se faire embaucher à n'importe quel prix pour gagner son autonomie ? Le statut salarial flottant veut simplement dire absence de réglementation ce qui peut ouvrir la porte aux abus de tout genre : domination salariale et exploitation des diverses vulnérabilités, silence imposé par la subordination et statut d'employé (dans le besoin) et d'employeur (pourvoyeur d'emploi) qui se traduit dans les faits par l'occultation du travail effectué.

Ces femmes se retrouvent de nouveau dans la même forme d'allégeance qui était exigée dans leur propre espace domestique. Ce qui nous fait interroger la portée et l'importance des mutations en cours. A ce point nous redoutons de voir l'immigration féminine congolaise ne pas s'orienter dans le sens du résultat espéré : celui de l'intégration dans le pays d'accueil et de l'autonomie et parité dans leurs couples. La qualité de leur emploi indique une tendance à la polarisation entre d'un côté les professions supérieures réservées aux hommes et aux femmes du pays d'accueil et les emplois à bas salaire devenus désormais l'apanage des femmes issues de l'immigration. Il y a transformation des rapports sociaux certes, mais il y a aussi non pas éradication mais déplacement des inégalités.

Au Congo, l'économie informelle des femmes parmi les plus pauvres de la cité n'était pas comptabilisée dans les statistiques. En Occident, leur mode d'insertion économique (travail au noir et dans les domaines peu valorisés) rend leur rôle invisible.

---

163. PFEFFERKORN Roland, *Inégalités et rapports sociaux. Rapports de classes, rapports de sexes*, Paris, La dispute, 2007, p. 323

II.6.2. Le partage des tâches domestiques.

En République Démocratique du Congo, la société ne problématise pas encore le fait que ce soit toujours les femmes qui s'occupent de la cuisine, de la vaisselle, de la lessive, du repassage et de la couture. Il est même normal, comme on peut le constater dans les entretiens menés récemment à Kinshasa, que les tâches soient un domaine réservé aux femmes :

« *- Florent-Alain BIKINI : Bonjour Sidonie. Qui de vous deux s'occupe des tâches ménagères ?*

- Sidonie : Bonjour. C'est moi qui fais tout.

- Henri : On est au Congo, c'est la femme qui assure les tâches domestiques.

- Florent-Alain BIKINI : Sidonie, si tu avais la possibilité de faire travailler Henri, que penserait ton entourage de cet acte ?

- Sidonie : Je serai critiquée.

- Henri : Il est vrai que c'est la femme qui accomplit ces tâches. Moi, personnellement, je suis disposé à le faire. Une fois j'ai osé laver mon linge.
Les réactions fustigeaient de la part des voisins pour me demander d'arrêter. »[164]

Marie 51 ans et Jérôme 68 ans sont plus catégoriques, l'homme ne peut pas s'occuper des tâches domestiques :

« *- Florent-Alain BIKINI : Les Congolaises parties en Europe réclament plus d'égalité au sein des couples et dans l'espace public. Elles veulent être traitées au même titre que les hommes. Par exemple laisser aux hommes aussi la charge de s'occuper des tâches domestiques : laver les enfants, faire la cuisine, la vaisselle... Que pensez-vous de cela ?*

164. Extrait de l'entretien entre Florent Alain BIKINI MUSINI et le couple HENRI ET SIDONIE à Kinshasa le 2/8/2013

- Jérôme : Non, ces femmes exagèrent. Nous devons respecter nos coutumes et la Bible dit elle-même que la femme est sortie de l'homme. Elle ne peut pas se croire au-dessus de l'homme. Ils ne sont même pas égaux. On doit arrêter ça. L'homme ne peut pas laver les assiettes, ça non au grand jamais. J'ai payé la dot, je gagne l'argent pour nourrir la famille, vous voulez encore que je me mette à préparer à manger ?

- Marie: Ces femmes exagèrent. Ce sont les hommes qui doivent nous diriger, nous les femmes, et pas l'inverse. Je ne peux pas ridiculiser mon mari à ce point.

- Florent-Alain BIKINI : Pour vous, ce n'est pas possible et vous n'avez pas cette idée en tête. Pourtant, si d'autres femmes vous incitaient à le faire, le feriez-vous une fois arrivés en Europe?

- Jérôme : En aucun cas ! Jamais cela ne pourra se faire !

- Marie : Impossible ! D'ailleurs avec notre âge, personne ne peut nous obliger à changer de pratiques. Un homme ne peut pas s'occuper du travail réservé aux femmes.

- Florent-Alain BIKINI : Sans être indiscret, quel âge avez-vous ?

- Jérôme : 61 ans

- Marie : 58 ans. »[165]

Cette inégalité dans la prise en charge des tâches domestiques au sein des couples semble ne pas déranger les hommes que nous avons interrogés. L'ensemble du travail repose inévitablement sur les femmes. Dans l'agglomération de Strasbourg, les Congolaises luttent sur plusieurs fronts pour transformer les rapports sociaux

---

165. Extrait de l'entretien entre Florent-Alain BIKINI MUSINI et le couple Jérôme et Marie à Kinshasa mont-Ngafula le 8/8/2013

avec leurs maris. Par le travail, la scolarisation de leurs filles et le commerce informel, elles font émerger une culture nouvelle. La chose est plus compliquée dans l'espace domestique où, comme leurs homologues français, les Congolais ne participent que timidement à l'assouplissement des tâches domestiques réservées aux femmes. Ils les font non pas par besoin d'équité, mais simplement comme assistance occasionnelle apportée à l'épouse.

On les voit à la cuisine, à la vaisselle… ces petits progrès sont les préludes de jours meilleurs qui étaient culturellement impensables naguère. Le pays d'accueil lui-même a encore du chemin à faire vers un partage équitable des tâches domestiques :

> « *Visiblement, pour les femmes, la mise en couple se solde par un surcroît de travail domestique. La présence d'enfants, notamment d'enfants en bas âge, implique inévitablement un surcroît de travail domestique. Mais celui-ci échoit surtout aux femmes. Autrement dit, la présence d'enfants accroît considérablement l'inégalité dans le partage du travail domestique.* »[166]

Même si élever les enfants en bas âge peut apparaître comme une disposition naturelle prédestinée aux femmes par la pratique de l'allaitement entre autres, on peut aussi voir dans le manque ou le peu d'implication des hommes à changer les couches des bébés par exemple comme une manipulation voulue pour se garder certains privilèges de sexe dominant. Pour nous, les hommes et les femmes doivent s'appliquer avec plus d'ardeur à réduire les inégalités dans les rapports sociaux.

L'espace domestique apparaît indiscutablement comme le lieu par excellence de rééquilibrage. C'est en famille que le découpage s'est fait avec les stéréotypes que nous connaissons: la cuisine et le ménage pour les filles, les études et le bricolage pour les garçons. Il faut remettre la famille au cœur de la lutte contre les inégalités dans la division sexuelle des tâches pour que très tôt les garçons et les filles apprennent sans complexe à accomplir les mêmes tâches.

---

166. PFEFFERKORN Roland, *Op. Cit.*, p. 330.

II.6.3. Éradiquer la pratique de la dot

Avec le poids de la dot, les femmes se trouvent en situation de dépendance permanente. Dépendance vis-à-vis des leurs propres parents dans leur famille d'origine, puis dépendance vis-à-vis du mari et des parents de celui-ci dès qu'elles se mettent en couple. Ce qui peut paraître comme une protection des femmes n'est en réalité que leur enfermement dans l'espace domestique et leur mise en minorité. C'est une façon de dire qu'elles sont incapables de se prendre en charge sans le contrôle masculin.

Cette infériorisation des femmes est structurelle, elle est tolérée et acceptée par l'ensemble de la société. Comment alors s'attendre au changement, à une amélioration ? Comment mettre en cause des rapports sociaux basés depuis des temps immémoriaux sur le genre ? C'est la grande question qui a guidé notre réflexion dans ce travail, laquelle nous a permis de comprendre que les Congolaises souffrent en silence, acceptent malgré elles l'ordre établi et capitulent.

Par cet essai, nous avons pris conscience que nous sommes tributaires d'une société dominée par des rapports patriarcaux qui donnent plus de prérogatives aux hommes et qui de fait se veut peu favorable aux droits des femmes. Redonner l'égalité de chances aux hommes et aux femmes de notre pays est un moyen efficace de stimuler notre développement économique.

La marginalisation des femmes sape leur désir de réussite. Du coup, le pays se trouve privé de la main-d'œuvre et du talent d'une majeure partie de sa population. Il y a indéniablement un lien entre la répression des femmes et le sous-développement progressant dans notre pays. Dans tous les pays, le rôle et le statut des femmes sont considérés comme meilleurs indices du potentiel de croissance et de développement. La République Démocratique du Congo gagnerait beaucoup et ne perdrait rien si ses dirigeants faisaient émerger une volonté politique de mettre les femmes au cœur des préoccupations de développement.

A part la polygamie, il nous semble que l'acte même du mariage est au départ inégalitaire avec d'un côté l'homme qui débourse aujourd'hui de fortes sommes d'argent pour s'acheter les services de la femme et de l'autre celle de l'épouse qui doit les rendre au nom de l'amour et de la redevance.

La dot est à notre avis ce qui rend l'égalité impensable. On a beau affirmer qu'elle n'est qu'une compensation symbolique versée à la famille de la femme, les abus actuels montrent clairement qu'elle s'oriente pour les familles vers une opération bien lucrative. Les factures très salées suscitent certains hommes, comme Formant avec qui nous nous sommes entretenus, à utiliser un langage parfois chosifiant à l'égard de leurs femmes:

> « - *Florent-Alain BIKINI : Avez-vous un avis à donner par rapport à la dot ? - Formant : Par rapport à la dot, je dirai que c'est le prix à payer par les hommes pour que les femmes leur appartiennent.* »[167]

Lorsque le libre consentement et l'échange des sentiments amoureux hommes/femmes sont conditionnés par le versement de dons et d'argent au préalable, on n'arrive pas à la formation d'un couple de partenaires égaux jouissant des mêmes droits et devoirs l'un envers l'autre, mais on aboutit nécessairement à une subordination de la partie dont l'amour a été acheté. La dot rend impensable toute idée d'égalité hommes/femmes dans la tête d'une grande partie d'hommes congolais. Pierre nous le disait sans mâcher ses mots, à Kinshasa :

> « *Ce n'est pas possible. La femme reste femme et c'est l'homme qui est le chef du ménage quels que soient le revenu de la femme et sa situation professionnelle. Je ne peux pas tolérer que la femme se considère égale ou au-dessus de l'homme.* »[168]

---

167. Extrait de l'entretien entre Florent Alain BIKINI MUSINI et le couple Formant et Gracia à Kinshasa le 25 juillet 2013
168. Extrait de l'entretien entre Florent-Alain BIKINI et le couple Pierre et Ida dans la commune de Ngaba à Kinshasa le 10/08/2013.

Nous sommes partisans de l'abolition de la dot pour permettre aux hommes et aux femmes d'entrer dans le mariage en partenaires égaux et libres de toute contrainte. L'accès à la terre et à certaines ressources par le mariage est une cause de souffrances profondes pour les femmes en République Démocratique du Congo. Il n'y a pas pire assujettissement que de devoir attendre sa survie du bon vouloir du mari. Si celui-ci décède, ce qui arrive très souvent puisque les femmes vivent plus longtemps que les hommes, attendu que ces derniers les épousent très jeunes, elles se retrouvent abandonnées à leur triste sort à traverser le veuvage seules, dans la rue, sans ressources et avec des enfants à nourrir.

II.7. Rêve d'avenir : Le partenariat

Longtemps les Africains sont restés prisonniers d'une histoire triste qui, de façon inconsciente, les a maintenus sous tutelle. Le salut du noir n'est pas dans l'aide, l'assistanat, la domination et la subordination, il est dans l'affranchissement de cette mentalité qui fait croire que nous n'avons rien à offrir et tout à recevoir. Il est temps, plus que temps de faire la paix avec nous-mêmes, avec notre passé.

Il est temps que la porte du non-retour devienne celle par la quelle les afro-américains et tous les noirs de la diaspora reviendront pour investir sur la terre de leurs ancêtres. Bravo au Ghana, au Cameroun et au Sénégal qui ont allégé les démarches administratives pour faciliter le retour de ceux qui le désireraient. Il est temps que l'Occident et l'Afrique apprennent à devenir des vrais partenaires.

Le seul remède contre la précarité c'est la revalorisation du travail, c'est une mobilisation du peuple pour une distribution équitable des ressources. Elle doit dénoncer l'inégalité entre les citoyens et mettre à jour le constat amer que nous faisons tous du sentiment généralement répandu qu'il existe une justice des pauvres et une justice des riches. Mettre à nu la gravité du phénomène de la corruption qui touche et ébranle tous les secteurs de la vie et surtout combattre sa banalisation et l'impunité des fauteurs.

CONCLUSION

Notre vision pour les générations à venir, doit prendre appui sur nos réussites et aussi tenir compte de nos échecs. Ce dont l'Afrique a besoin aujourd'hui, c'est de se laisser transformer par ses enfants. Sur ce chemin de libération et du monde nouveau à inventer, Léonard Santedi pense que « ni le désespoir, ni le pessimisme ne peuvent être justifiés quand à l'avenir de l'Afrique et de toutes les autres régions du monde. »[169]

Oser par tous les moyens à notre disposition, inventer l'avenir pour la renaissance de notre continent, voilà la voie à suivre.

> « Depuis le XVe siècle, l'Afrique a connu avec l'Occident une rencontre violente et tragique qui s'est muée à compter du XIXe siècle. Si cette mue a eu pour conséquence une certaine atténuation de la violence physique, la violence symbolique, quant à elle, est demeurée intacte en raison même de toute la douleur qui lui a été imprimée plusieurs siècles durant. Aujourd'hui encore, les Africains continuent de vivre cette violence qui s'affiche par leur propre langage sans que les acteurs eux-mêmes ne s'en rendent compte (...)
>
> Pourtant, et au-delà des douleurs notamment africaines, quelque chose de commun s'est érigé aussi bien avec la traite négrière qu'avec la colonisation ; un commun souvent non perçu, voire récusé par certains Africains comme par certains Occidentaux. Cette communauté commence avec l'histoire, aussi tragique puisse-t-elle avoir été. Qu'il s'agisse des plages d'Elmina au Ghana ou de celles de Ouidah au Bénin, la présence aujourd'hui encore en ces lieux de canons ainsi que des anciens forts - français, hollandais et portugais par exemple - témoigne non seulement des rivalités entre les puissances occidentales de l'époque négrière mais encore de la communauté de cette histoire. Comment refuser cette histoire en partage ? » [170]

169. SANTEDI KINKUPU Léonard, *Les défis de l'évangélisation dans l'Afrique traditionnelle*, Paris, Karthala, 2005, p. 120.
170. SOMÉ Roger, Préface à *Héritages silencieux,* Catalogue de l'exposition

Comment faire de notre histoire commune avec l'Occident un havre de paix ? Ce travail est une invitation aux Africains à ne pas toujours trouver ailleurs un bouc émissaire. Il est une incitation au travail et à la production scientifique. Pour y arriver, l'école est un outil non négligeable si l'on veut sortir de l'isolement et apporter la touche africaine au concert des nations. Nous sommes égaux justement parce que nous sommes différents, c'est une égalité dans la différence. L'affirmation de notre héritage culturel et notre liberté créatrice, voilà ce que l'Afrique veut partager avec le reste du monde. Il faut être soi tout en reconnaissant à l'autre comme à soi-même le droit d'être différent. C'est donc pour l'Afrique le temps de la création et du refus de copier aveuglement une vie qui lui est étrangère.

Ce travail est une ébauche qui n'a pas la prétention d'être exhaustive. Le sentiment qui nous habite est celui d'une discussion entamée qui mérite d'être poursuivie, réactualisée en Afrique. Notre rêve c'est de voir prochainement en Afrique, surtout à Lagos, à Dakar, à Bamako, à Yaoundé, à Kinshasa, à Abidjan, pour ne citer que des pays qui fournissent de gros contingents à l'exil des jeunes, des Etats généraux sur la jeunesse sacrifiée par l'immigration clandestine. Que la voix africaine se fasse enfin entendre pour proposer aux jeunes d'autres alternatives que le désaveu du continent ou les pirogues de fortune vers le mirage européen.

Cette voix doit rejoindre le peuple embourbé dans une histoire de dépendance et lui crier haut et fort qu'il est temps de redresser la tête. Les jeunes nous interpellent, il faut écouter leur peine. L'Occident ne s'est pas construit en un jour, sa richesse vient du travail. Nous ne devons plus prendre plaisir à vivre sous tutelle. Notre détermination à sortir de la pauvreté et du sous-développement nous redonnera la parole dans le concert des nations.

Des institutions crédibles, des universités rigoureuses, des écoles de renommée, voilà pour nous des instruments précieux pour lesquels l'Afrique ne devrait en aucun cas lésiner sur les moyens.

organisée par les étudiants du Master Muséologie de l'Université de Strasbourg, Metz, Éditions des Paraiges, 2014, p. 5.

Il faut donc que des personnes-ressources soient affectées dans le domaine de l'éducation et qu'elles apprennent aux élèves, étudiants et chercheurs à assumer les valeurs du continent. Pour lutter contre l'analphabétisme dans un monde qui devient de plus en plus cultivé, chacun doit veiller à la scolarisation des enfants et demander aux gouvernants d'en faire une priorité.

L'identité de l'Afrique ne se joue pas dans son isolement, mais dans la rencontre interculturelle. Il ne faut pas que l'Afrique évolue en communautarisme qui se constitue en caste sans intégrer les autres.

Ce travail d'analyse du passé africain ne doit pas prendre des allures de procès contre les Occidentaux blancs dont, pour certains, l'héroïsme et la générosité au service de l'Afrique ne sont pas à démontrer. Pour illustration, voici ce témoignage d'un missionnaire revenu d'Afrique : « J'ai vécu quelque chose de cette puissance de transformation, dans ma chair, lorsque je suis arrivé comme jeune missionnaire en Côte d'Ivoire. Je prêchais l'Évangile et présidais des cultes comme si je m'adressais à des Européens.

J'étais fier de redonner tous les savoirs appris. Dans ce but, je passais quatre ou cinq jours dans un village, j'y réunissais les sympathisants pour l'écoute de la parole et des temps de prière. La première fois, une assistance nombreuse se retrouvait autour de moi. Mais au bout de quelques temps, je vis le nombre des auditeurs et des priants baisser fortement et je m'aperçus que j'avais toujours les mêmes têtes devant moi. Ils m'expliquèrent alors qu'ils ne se retrouvaient pas dans ce que je disais. Par ailleurs je leur enlevais un temps précieux pour le travail des champs. Mais comme ils ne voulaient pas me froisser, ils déléguaient quelques personnes pour m'écouter.

Alors je me suis posé la question : Vas-tu te raidir sur tes pratiques, tes savoirs, tes habitudes importées d'ailleurs ? Exigeras-tu qu'ils deviennent des copies conformes de ta culture et de ton Eglise, en demandant qu'ils abdiquent leur être, leur sensibilité, leur culture ? Les conséquences en seraient dramatiques pour leur développement de sujet humain et croyant et n'aboutiraient qu'à une unité de façade, à une sorte de tour de Babel. J'ai donc décidé, à l'exemple de Jésus de Nazareth, de m'incarner selon mes possibilités, forcément limitées, dans la vie et la culture de mes hôtes. J'ai tout réappris : à dormir sur une natte, à manger leur nourriture, à me laver avec un seau d'eau derrière un arbre, à parler leur langue, à adopter leurs rythmes de travail, de réjouissances.

En somme, j'ai vécu une véritable mort-renaissance. Et j'en fus récompensé, car un jour les notables sont venus me dire: « Toi, tu ne repartiras plus chez toi ; tu resteras avec nous. Voici des terrains de culture, une maison et une épouse. Fais souche parmi nous ! » Je leur ai expliqué que j'étais très honoré de leur proposition, mais que l'héritage que je créais au milieu d'eux et avec eux ne serait ni matériel ni charnel, mais il serait humain et religieux. Et j'ai continué ainsi ma route avec eux pendant vingt-cinq ans, participant à leurs combats pour la justice, le développement, la dignité, contre la maladie, l'illettrisme, et contre toutes le forces de déshumanisation, de division, de haine et de mort.

La victoire de Jésus se manifesta surtout dans la transformation de nos relations interpersonnelles. Je n'étais plus le supérieur, le savant, le chrétien en face des païens. J'étais devenu un frère en humanité qui, au nom de sa foi en Jésus-Christ, refusait de vivre simplement au milieu d'eux, mais voulait vivre avec eux. Comme ils ont le sens de la formule imagée, ils me firent savoir qu'ils appréciaient ce changement. Un soir, que je jouais avec des enfants à l'awalé, un vieux qui m'observait dit à son voisin : « je n'aurais jamais pensé voir un jour la panthère jouer avec mes enfants ! » Mon ami Simon m'expliqua que la panthère est le seul fauve qui tue pour le plaisir, sans dévorer ses proies.

C'est ainsi que le colonisateur s'était imposé et avait dominé le pays pendant des décennies, au mépris du droit et de la raison ! Mais les villageois reconnaissaient à présent que même la panthère blanche pouvait se convertir, se laisser transformer par la victoire du Christ. Ne pensez-vous pas que ce parcours, certes singulier, peut nous donner à réfléchir. Et si un Blanc peut se transformer, un Africain peut le faire aussi » ?[171]

Les défis auxquels l'Afrique fait face (le sous-développement, les maladies, l'ignorance, le manque de réponse aux besoins élémentaires, les guerres, la fuite des cerveaux) donnent l'impression que ce continent est marginal. Faut-il se donner une conscience malheureuse d'incapables et se décourager de l'avenir du continent? Non. Pour nous, il est simplement un continent aux situations si diversifiées qu'il convient d'élucider les problèmes pour comprendre sa différence et ses particularités. Son histoire, sa conception de l'homme, de la vie et de la mort, ses pratiques ancestrales, méritent d'être comprises.

Il est nécessaire de chercher à pénétrer la mentalité, la culture, la philosophie de l'Africain, car on ne peut développer un peuple que si l'on a fait l'effort de le comprendre. Il nous faut reconnaître qu'il y a en Afrique des dynamiques qui lui sont propres dans sa relation au monde.

L'attachement au respect des cultures prend ici tout son sens. Chaque culture est un ensemble cohérent, différent des autres, que nous devons protéger. Il y a dans l'homme le besoin de se rattacher à ses racines, le besoin de retrouver une forme de matrice de son humanité, le besoin de retrouver une sécurité dans son milieu parce que les seules valeurs, les seuls messages ayant un véritable impact sur les hommes sont ceux qui se rapportent à l'humain, au tissu social. Nous devons redécouvrir les valeurs humaines qui permettent la réduction des tensions et des conflits, la sauvegarde de la dignité humaine et le respect de nos semblables.

Toute l'histoire de l'humanité est une histoire du besoin d'aimer et d'être aimé. Le plus merveilleux fondement de l'espérance, c'est de croire que d'autres ont besoin de moi et que je ne peux me passer ni de leur aide, ni de leur besoin.

---

171. Témoignage du père Jean-Paul Eschlimann prêtre de la société des missions africaines de retour en Alsace après 25 ans de vie en Côte d'Ivoire.

Avant d'envisager un nouveau départ de notre continent et d'en poser les bases, il ne convient pas d'attribuer la faute aux autres, c'est-à-dire aux occidentaux, mais de reconnaître à tous les niveaux notre part de responsabilité afin de promouvoir des réformes nouvelles et des initiatives salutaires.

Pouvons-nous être dédouanés de toute implication dans la corruption et l'appauvrissement de notre peuple ? Faut-il toujours indexer l'Occident ? Il s'agit aussi, note Léonard Santedi, de reconnaître ce qui dépend de nous :

> « C'est une exigence de vérité envers nous-mêmes, dans la mesure où « la faillite de l'Afrique » est moins économique qu'humaine. Nous devons être très sensibles à cette part de notre responsabilité d'Africains dans notre histoire. Le sens critique nous amène à ne ménager aucun mot, à n'employer aucun euphémisme, pour fustiger cet infantilisme qui consiste à revendiquer une intégration dans le réseau international, tout en se révélant incapable de bien gérer ce qu'on a et ce qu'on reçoit. »[172]

Africains, nous sommes les premiers à plaindre, car nous avons trahi la confiance placée en nous. Il est temps de redresser la tête et de cesser de passer toute notre existence sous la hantise d'un passé peu glorieux. Face à la stagnation dans laquelle l'Afrique se trouve piégée, il y a lieu d'affirmer avec Achille Mbembe que même la décolonisation africaine n'aura été qu'un accident bruyant, un craquement à la surface ou encore le signe d'un futur appelé à se fourvoyer. Le passé n'est plus ; pensons à l'avenir, à resurgir de bon côté.

> « À quoi tient-il donc, ce délire, et quelles sont les manifestations les plus élémentaires ? D'abord au fait que le Nègre, c'est celui-là (ou encore cela) que l'on voit quand on ne voit rien, quand on ne comprend rien et, surtout, quand on ne veut rien comprendre. Partout où il apparaît, le Nègre libère des dynamiques passionnelles et provoque une exubérance irrationnelle qui toujours met à l'épreuve le système même de la raison. Ensuite au fait que personne

172. SANTEDI KINKUPU Léonard, *Op. Cit.*, p. 64.

– ni ceux qui l'on inventé, ni ceux qui ont été affublés de ce nom – ne souhaiterait être un Nègre ou, dans la pratique, être traité comme tel. Du reste, comme le précisait Gilles Deleuze, «il y a toujours un Nègre, un Juif, un Chinois, un Grand Mogol, un Aryen dans le délire » puisque ce que brasse le délire, ce sont, entre autres, les races.

En réduisant le corps et l'être vivant à une affaire d'appartenance, de peau et de couleur, en octroyant à la peau et à la couleur le statut d'une fiction d'assise biologique, les mondes euro-américains en particulier auront fait du Nègre et de la race deux versants d'une seule et même figure, celle de la folie codifiée. Opérant à la fois comme une catégorie originaire, matérielle et fantasmatique, la race aura été, au cours des siècles précédents, à l'origine de maintes catastrophes, la cause de dévastations psychiques inouïes et d'innombrables crimes et massacres. »[173]

Achille Mbembe invite les africains à sortir de la modélisation par laquelle la conquête occidentale les a renfermé. La destinée du continent et son histoire demeurent figées dans l'imaginaire des sociétés occidentales dans un présent de défaite. Il faut se débarrasser du label des perdants qui se greffe à nous. C'est donc dans la conscience humaine qu'il faut chercher la raison d'être du temps. Le temps présent disparaît continuellement. C'est une disparition qui est en même temps engendrement d'autres moments qui sont à leur tour appelés à disparaître. Exhumer un sens qui erre dans le passé, c'est-à-dire un sens absent dans le présent à soi est difficile. Il y a dans le temps une forme d'absence de toute permanence. Il est illusoire de concevoir l'exhumation du passé pour y accéder. Le présent, même s'il est lui-même instable, est toujours là comme une image de l'éternité dans le temps.

Pour évoluer, la volonté humaine traverse un temps de crise. Il y a en chaque humain une lutte intérieure entre deux volontés. Dans ce tiraillement intervient le temps comme possibilité de

173. MBEMBE Achille, *Critique de la raison nègre*, Paris, La découverte, 2013, pp. 10-11.

compréhension de la distorsion interne. Le temps représente une expérience douloureuse de rupture entre la destination voulue et notre égarement dans le temps. Le temps n'a de signification qu'en tant que lieu de la décision humaine pour ou contre le bien. Afrique, il est temps de choisir de te faire du bien.

BIBLIOGRAPHIE

Abbé PIERRE, *Testament...*, Paris, Bayard, 1995.

ACHEBE Chinua, *Le monde s'effondre*, Présence Africaine, Paris, Dakar, 1972.

ADOUKONOU Barthélemy, *Jalons pour une théologie africaine. Essai d'une herméneutique chrétienne du Vodun dahoméen*, Tome II : étude ethnologique, Paris, Éditions Lethielleux, Namur culture et vérité, 1980.

BACHELARD Gaston, *L'intuition de l'instant*, 1932.

BEECHER STOWE Harriet, *La clef de la case de l'oncle Tom*, Adamant Media corporation.

BERNARD Guy, « Conjugalité et rôle de la femme à Kinshasa », in *La Revue des Études Africaines,* Vol 6.N° 2 (1972).

BRAECKMAN Colette, *Le dinosaure. Le Zaïre de Mobutu*, Paris, Fayard, 1990.

BRAECKMAN Colette, *Vers la deuxième indépendance du Congo*, Le cri et Afrique édition, 2008.

BRAECKMAN Colette, *L'homme qui répare les femmes. Violences sexuelles au Congo le combat du docteur Mukwenge*, Bruxelles, Le GRIP, 2012.

BOVE Laurent, « Lumières « radicales » ou « modérées » : une lecture à partir de Spinoza », *ESPRIT* n°357, Août-Septembre 2009.

BRAHAMI Frédéric, « L'empire divin des préjugés. Joseph de Maistre contre l'esprit éclairé », *ESPRIT* n°357, Août-Septembre 2009.

BRUNEL Sylvie, *L'Afrique*, Rosny-sous-Bois, Éditions Bréal, 2004.

CÉSAIRE Aimé, *Cahier d'un retour au pays natal,* Paris, Présence africaine, 1983.

COQUERY-VIDROVITCH et alii, *Être esclaves. Afrique-Amériques, XVe-XIXe Siècle,* Paris, la Découverte, 2013.

DAMBISA Moyo, *Dead Aid. Why aid is not working and how there is a better way for Africa,* New York, Farrar, Straus and Giroux, 2010.

DANIEL Serge, *Les routes clandestines. L'Afrique des immigrés et des passeurs*, Paris, Hachette, 2008.

DOUMA Jean-Baptiste, *L'immigration congolaise en France. Entre crises et recherche d'identité*, Paris, l'Harmattan, 2003.

ELA Jean-Marc, *Ma foi d'Africain,* Paris, Karthala, 2009.

ELA Jean-Marc, *Le cri de l'homme africain. Questions aux églises d'Afrique,* Paris, l'Harmattan, 1993.

ELIKIA M'BOKOLO, « Ce que sont ces étranges amis de l'Afrique », in *Petit Précis de remise à niveau sur l'histoire africaine à l'usage du Président Sarkozy*, Paris, La Découverte, 2008.

ESCHLIMANN Jean-Paul, *Les Agni devant la mort,* Préface de Louis-Vincent Thomas, Paris, éditions Karthala, 1985.

FERRY Jean-Marc, « Les Lumières : un projet contemporain ? », *ESPRIT* n°357, Août-Septembre 2009.

FOESSEL Michaël, « Refaire les Lumières ? », *ESPRIT* n°357, Août-Septembre 2009.

FOTTORINO Éric et alii, *Besoin d'Afrique*, Paris, Fayard, 1992.

GUITTON Jean, *Le temps et l'éternité chez Plotin et chez Saint Augustin,* Paris, Vrin, 2004.

HOCHSCHILD Adam, *Les fantômes du roi Léopold. La terreur coloniale dans l'État du Congo 1884-1908,* Paris, Éditions Tallandier, 2007.

HIRATA Helena, KERGOAT Danièle, « Division sexuelle du travail professionnel et domestique. Brésil, France, Japon, in *Travail et Genre. Regards croisés France-Europe-Amérique latine*, Paris, La découverte, 2008.

Jean-Pierre Olivier de Sardan, « Les trois approches en anthropologie du développement. », in: *Tiers-Monde*. 2001.

KÄ MANA, *L'Afrique va-t-elle mourir ?*, Paris, les éditions du Cerf, 1991.

KANT Emmanuel, *Réponse à la question : Qu'est ce que les lumières ?*, traduit de l'allemand par Jean Mondot, Presses universitaires de Bordeaux, 2007.

KELMAN Gaston, *Je suis noir et je n'aime pas le manioc,* Paris, Max Milo, 2004.

KI-ZERBO Joseph, *A quand l'Afrique ?*, Paris, Éditions de l'Aube, 2003.

KODILA TEDIKA Oasis, « Anatomie de la corruption en République démocratique du Congo » in *MPERA* Paper N° 43463, Janvier 2013.

KOUASSI Goli, *La prostitution en Afrique. Un cas : Abidjan, Abidjan,* Nouvelles Éditions Africaines, 1986.

KRISTOF Nicholas et WUDUNN Sheryl, *La moitié du ciel. Les femmes vont changer le monde,* New York, 2009, Poséidon Press,

Paris, Éditions des Arènes, (Traduction française), 2010.

LATERGUY Jean, *Les guérilleros, Jean Lartéguy sur les traces de Che Guevara*, Paris, Presses Pocket, 1967.

MAKABU MA NKENDA Timothée, MBA Martin, TORELLI Constance, « L'emploi, le chômage et les conditions d'activité en République Démocratique du Congo : principaux résultats de l'enquête 1-2-3, 2004-2005, Document de travail DIAL, DT, 2007.

MATANGILA MUSADILA Léon, LAPIKA Bruno et alii, *Le paradoxe politique : une réalité pour la diversité culturelle au Congo-Kinshasa. Le cas des ethnies de la province de Bandundu*, Paris, L'Harmattan, 2007.

MBEMBE Achille, *Afriques indociles. Christianisme, pouvoir et Etat en société postcoloniale*, Paris, Karthala, 1988.

MBEMBE Achille, *Critique de la raison nègre*, Paris, La découverte, 2013.

MBEMBE Achille, *Sortir de la grande nuit: Essai sur l'Afrique colonisée,* Paris, Éditions le découverte, 2010,2013.

MBOG BATASSI Pierre-Éric, « Les moyennes sexuellement transmissibles frappent le Gabon », in Afrik.com du 5 Janvier 2008 consulté le 15 juin 2013.

MENI Malikwisha, « L'importance du secteur informel en RDC », in *Bulletin de l'ANSD* (Académie Nationale des Sciences du Développement, Volume I, Kinshasa, Décembre-Janvier 2000-2001.

MOROKVASIC Mirjana, « Le genre est au cœur des migrations » in FALQUET Jules et alii, *Le sexe de la mondialisation. Genre, classe, race et nouvelle division du travail*, Paris, Presses de la Fondation nationale des Sciences politiques, 2010.

MULUMA MUNANGA Albert, *Sociologie générale et africaine.*

Les sciences sociales et les mutations des sociétés africaines, Préface de Clément Mwabila MALELA, Paris, L'Harmattan, 2008.

NDAYWEL-È-NZIEM Isidore, *Histoire du Zaïre. De l'héritage ancien à l'âge contemporain*, Louvain-la-Neuve, Duculot, 1997.

NKAY MALU Flavien, *La mission chrétienne à l'épreuve de la tradition ancestrale (Congo belge, 1891-1933)*, Paris, Karthala, 2007.

NSAKA KABUNDA Anne-Marie, « Espace public, espace masculin ? Politique et genre en République Démocratique du Congo » in *CODESRIA* 12e Assemblée générale tenue à Yaoundé du 7-11 décembre 2008.

PFEFFERKORN Roland, *Genre et rapports sociaux de sexe*, Lausanne, Éditions Page deux, 2012.

PFEFFERKORN Roland, *Inégalités et rapports sociaux. Rapports de classes, rapports de sexes*, Paris, La Dispute, 2007.

QUENUM Alphonse, *Les églises chrétiennes et la traite atlantique du XVe au XIXe siècles*, Paris, Les Éditions Karthala, 2008.

RADCLIFFE Timothy, o.p. « Quelle forme pour l'Église de demain ? », *LA DOCUMENTATION CATHOLIQUE*, N°2432, du 18/10/2009.
REDIKER Marcus, *A bord du négrier. Une histoire atlantique de la traite*, Paris, Éditions du Seuil, 2013.

ROLLINDE Marguerite, « espace domestique, espace politique, espace économique : le genre franchit les frontières », in *Genre et changement social en Afrique*, Paris, Éditions des archives contemporaines.

SANTEDI Léonard, *Les défis de l'évangélisation dans l'Afrique contemporaine*, Paris, Karthala, 2005.

SCHLEGEL Jean-Louis, « Les religions avec, après ou contre les Lumières ? », *ESPRIT* n°357, Août-Septembre 2009.

SCHURÉ Edouard, *Les grands initiés,* Saint-Amand, Librairie académique Perrin, 1960.

SOMÉ Roger, Préface à *Héritages silencieux*, Catalogue de l'exposition organisée par les étudiants du Master Muséologie de l'Université de Strasbourg, Metz, Éditions des Paraiges, 2014.

SOUDAN François et alii, « clandestins, voyage au bout de la honte », in *Jeune Afrique l'Intelligent,* 16 0ctobre2005.
Stéphane de Tapia, *Système migratoire euro-méditerranéen. Effets des transferts financiers dans le pays d'origine*, Strasbourg, édition du conseil de l'Europe.

SOW Fatou, « Idéologies néolibérales et droits des femmes en Afrique » in FALQUET Jules et alii, *Le sexe de la mondialisation. Genre, classe, race et nouvelle division du travail*, Paris, Presses de la Fondation nationale des Sciences politiques, 2010.

THOMAS Louis Vincent, *Cinq essais sur la mort africaine,* Dakar, 1968.

THOMAS Louis Vincent, *Anthropologie de la mort*, Paris, Payot, 1976.

THOMAS Louis-Vincent, *La terre africaine et ses religions. Traditions et changements*, Paris, L'Harmattan, 1980.

TOURAINE Alain, *Pourrons-nous vivre ensemble ? Égaux et différents*, Paris, Fayard, 1997.

VAN REYBROUCK David, *Congo. Une histoire*, Arles, Actes Sud, 2012.

VAN WING, *Études Bakongo II. Religion et magie. Mémoires,*

Institut Royal Belge.

VERBEEK Léon, *Contes de l'inceste, de la parenté et de l'alliance chez les Bemba (RDC)*, Paris, Éditions Karthala, 2006.

ZAHAN Dominique, *Le feu en Afrique, culture et cosmologie*, Paris, l'Harmattan, 1995.

Table des matières